HAMBURG-AMERIKA LINIE

SCHNELLDIENST

für Passagiere und Fracht

HAMBURG CUBA-MEXICO

Havana, Vera Cruz, Tampico, Pto. Mexico

Regelmäßige monatliche Abfahrten

Vorzügliche Einrichtungen erster Klasse (Staatszimmerfluchten), zweiter Klasse, Mittel-Klasse, dritter Klasse und Zwischendeck

Ermäßigte Fahrpreise I. Kajüte von £ 43.–.– an

Näh. Auskunft üb. Fahrpreise u. alle Einzelheiten erteilt

HAMBURG-AMERIKA LINIE

HAMBURG, ALSTERDAMM 25

Überseereisen

Regelmäßige Personen- und Frachtdienste nach Nordamerika, Mittelamerika, Südamerika, Ostasien, Australien und Afrika

Vergnügungs- und Erholungsreisen, wie Fjord- und Polarfahrten, Reisen um die Welt, Westindien-Reisen

Verkauf von Eisenbahnfahrkarten, Fahrscheinheften mit 60tägiger Gültigkeit, Schlafwagenkarten, Flugscheinen

Reisegepäckversicherung, Geldwechsel

Interessenten erhalten Auskünfte und Prospekte kostenlos durch die

Hamburg-Amerika Linie

HAMBURG 1 / ALSTERDAMM 25

Verkehrspavillon am Jungfernstieg, Glockengießerwall Nebengebäude Hauptbahnhof und die Vertretungen an allen größeren Plätzen des In- und Auslandes.

DAMPFER „GENERAL VON STEUBEN"

1. Frühstück

Birne – Ananas
Apfelsine – Bratapfel – Gedünstete Pflaumen
Zwetschen – Apfel- und Johannisbeer-Gelee
Honig – Orangen-Marmelade

Bran Flakes – Haferflocken
Haferschleim – Corn Flakes – Shredded Wheat
Krumbles – Puffed Rice – All Bran

Weizen-Griddle-Keks – Ahorn-Sirup
Deutscher Pfannkuchen – Bananen-Pfannkuchen

Poschierte Eier auf Toast – Omelette Argenteuil
Rühreier Piemontaise – Gebackene Eier Maryland
Spiegeleier – mexikanisch

Gebratener Flunder – braune Butter
Geräucherter englischer Hering

Rostwürstchen mit Buchweizen-Keks
Lammnieren Carvciho

Yorkshire-Schinken – Wiltshire-Speck

Deutsche Brot – Französische Brot
Saratoga Chips

Gebratener Puter – Kronsbeeren-Gelee
Eisbein in Gelee – Bratkartoffeln
Geräucherter Westfälischer Schinken
Verschiedene Wurst – Kräuter – Edamer Käse

Englischer Frühstückstee – Mate
Daarjeeling – Ceylon-Orange-Pekoe

Lindenblüten-, Flieder-, Pfefferminz-,
Kamillen-Tee – Kaffee – Kaffee Hag
Schokolade – Kakao – Knäckebrot – Toast
Grahambrot – Verschiedenes Frühstücksgebäck
Schweizer Zwieback – Graham Muffins

Hauptmahlzeit

Grapefruit Surprise

Rahm-Suppe Pompadour
Kraftbrühe Printaniere Colbert

Gekochter Heilbutt
Sce. Maximilian – Schmelzkartoffeln

Amerikanische Hochrippe mit Bratensaft
Pariser Perlkarotten – Macaire Kartoffeln

Schinkenschaumklößchen Alexandra

Gebratenes Hähnchen – Kirschen-Kompott
Kopfsalat – Lorenzo-Marinade

Kalbsnieren auf Toast

Staudensellerie Bordelaise – Junge Erbsen

Kartoffeln: Gekochte – Gebackene – Mus

Pudding Metternich
Neapolitanisches Gefrorenes – Katzenzungen

Verschiedene Käse – Pumpernickel
Knäckebrot – Radieschen

Früchte der Jahreszeit – Nachtisch

Mokka – Mokka Hag

2. Frühstück

Eier Mirabeau – Norwegischer Fleischsalat
Kieler Bücking – Royal Pickles
Pastetchen Battenberg – Frühlingsschnittchen

Gebratene junge Ente – Apfelmus
Englisches Roastbeef – Spanischer Salat
Medaillon von Kalbsmidder Cyrio
Jagdwurst

Deutsche Geflügelklein-Suppe
Kraftbrühe in Tassen
Schotenpüree-Suppe Rembrandt

Poschierte Eier Blanchard

Gebratener Merlan mit feinen Kräutern

Huhn in Curry mit Reis

Lammragout Printanière
Gebratene Schweinskeule – Spinat
Geröstete Kartoffeln
Gedämpfter Esterhazy-Rostbraten – Spaghetti

Kalbsfilet – Sauce Aromatique

Kopf-, Sellerie-Salat – Bon Ton

Gedämpfter Kopf-Salat
Schnittbohnen Bauern-Art – Spinat mit Bratensaft
Gedämpfter Reis

Kartoffeln
Deutsche Brat, Püree, Straßburger, Saratoga

Leipziger Lerchen – Reis Condé – Eis-Schokolade

Käse: Block – Romatour – Gorgonzola
Knäckebrot – Pumpernickel – Radieschen

Weintrauben – Apfel – Apfelsine

Kaffee – Kaffee Hag – Tee

Bibliothek der Schiffstypen

Deutsche Ozean-Passagierschiffe
1919 bis 1985

Bibliothek der Schiffstypen

Claus Rothe

Deutsche Ozean-Passagierschiffe
1919 bis 1985

transpress
VEB Verlag für Verkehrswesen Berlin 1987

Der Autor dankt folgenden Personen
und Institutionen:

Wilhelm Beulke, BRD; Dr. Achim Borchert, BRD;
James Cooper, BRD; Chris Dekker, Niederlande;
Ralf Gierke, DDR; Michael Grima, Malta;
Friedrich Hallwirth, Österreich;
Karl-Heinz Heine, BRD; Huibert Kooiman,
Niederlande; Dr. Jürgen Meyer, BRD;
Wolfgang Müller, DDR; Nartijn Nekkers, Niederlande;
Peter Rebhahn, DDR; Hans-Joachim Reinecke, BRD;
Raymund Oberhem, BRD; Albrecht Reinhold, DDR;
Jürgen Ruhardt, BRD; Norbert Pilz, BRD;
Helmut Prokscha, BRD; Horst Schmidt, BRD;
Dietrich Strobel, DDR; Horst Wagner, BRD;
Edward A. Wilson, Großbritannien; der Blohm + Voss
Aktiengesellschaft; der Deutschen Afrika-Linien,
der Hamburg-Südamerikanischen Dampfschiffahrts-
gesellschaft, der Lübeck-Linie AG,
der Hapag-Lloyd Aktiengesellschaft und dem
Schiffahrtsmuseum Rostock.

Rothe, Claus:
Deutsche Ozean-Passagierschiffe: 1919–1985. – 1. Aufl.
Berlin: Transpress, 1987. – 152 S., 131 Abb.
(Bibliothek der Schiffstypen)

ISBN 3-344-00164-7

1. Auflage

VEB Verlag für Verkehrswesen
1086 Berlin, Französische Str. 13/14
VLN 162 – 925/151/87
Printed in the German Democratic Republic
Gesamtherstellung: IV/10/5 Druckhaus Freiheit Halle
Verlagslektor: Ulrich Leopoldi
Typographie und Gestaltung: Günter Nitzsche
Zeichnungen: Ralf Gierke
Titelbild: Aquarell von Werner Bartels
LSV 3869
Best.-Nr.: 5670809
01980

Inhaltsverzeichnis

Blick auf den Hamburger Hafen. Foto: Sammlung Rothe

Einführung

Im vorliegenden Band der Bibliothek der Schiffstypen soll ein Überblick über die Entwicklung der deutschen Ozeanpassagierschiffahrt von der Zeit nach Beendigung des ersten Weltkrieges bis zur Gegenwart gegeben werden. Die zeitliche Begrenzung ergibt sich aus den bereits erschienenen Bänden »Deutsche Ozean-Passagierschiffe 1850 bis 1895« von Arnold Kludas und »Deutsche Ozean-Passagierschiffe von 1896 bis 1918« vom Autor des vorliegenden Bandes. Aus der Vielzahl der seit 1919 im Dienst befindlichen deutschen Passagierschiffe gelangten 87 im vorliegenden Band zur Auswahl. Neben den reinen Passagierschiffen im Liniendienst und den Kreuzfahrtschiffen sind im Typenteil auch verschiedene kombinierte Passagier- und Frachtschiffe dargestellt. Sie werden in Bild und Text vorgestellt und dokumentieren die technische Entwicklung innerhalb des genannten Zeitraums. Die repräsentative Auswahl deutscher Passagierschiffe wird chronologisch, d. h. entsprechend dem Zeitpunkt des Stapellaufes, vorgestellt. Besonderer Wert wurde auf vergleichbare technische Angaben und informative Einzelheiten aus dem Einsatz des jeweiligen Schiffes gelegt. Vor allem bei den Schiffen aus den Jahren vor 1945 zeigte Die Auswertung des äußerst umfangreichen Quellenmaterials widersprüchliche Angaben zu den technischen Parametern. Genannt werden die Daten, welche die höchste Genauigkeit versprechen; u. a. zeitgenössische Quellen, mehrfache Übereinstimmung. Die Angaben zur Zahl der Passagiere und Besatzungsmitglieder unterliegen starken Schwankungen (Umbauten im Schiff, Veränderung des Einsatzgebietes u. a.). Nur in wenigen Fällen konnte im Typenteil auf derartige Veränderungen eingegangen werden. Die genannten Daten beziehen sich nahezu ausnahmslos auf die Zeit der Fertigstellung des jeweiligen Schiffes. Nach der Vorstellung der wichtigsten technischen Parameter folgt eine knappe Darstellung der Lebensläufe der Passagierschiffe vom Stapellauf bis zum Abbruch auf einer Abwrackwerft oder bis zum Untergang bzw. dem gegenwärtigen Einsatz des beschriebenen Schiffes.

Im Interesse der Übersichtlichkeit ist diesem Band ein Register beigefügt, das sämtliche Namen der genannten Schiffe enthält.

Mit dem Ende des ersten Weltkrieges kam die deutsche Handelsschiffahrt völlig zum Erliegen. Die deutsche Handelsflotte war mit 2090 Schiffen (5,1 Mio BRT) im Jahre 1914 auf 1534 Schiffe (3,2 Mio BRT) im Jahre 1918 zusammengeschmolzen. Mit der Unterzeichnung des Versailler Friedensvertrages, am 28. Juni 1919, traten Bestimmungen in Kraft, nach denen Deutschland nur noch einen Flottenbestand von etwa 600000 BRT behalten durfte. So mußten sämtliche in deutschem Besitz befindlichen Schiffe mit einer Vermessung von über 1600 BRT und die Hälfte der Schiffe zwischen 1000 und 1955 BRT sowie $^{1}/_{4}$ der Fischereiflotte an die Siegermächte abgeliefert werden. Ferner waren alle im Bau befindlichen Schiffe sowie solche, deren Kiel bis zum 10. Januar 1920 gestreckt wurde, abzuliefern. Auch diejenigen Schiffe, die zur Zeit des Krieges oder während des Waffenstillstandes verkauft oder umgeflaggt wurden, beschlagnahmten die Siegermächte. Deutschland verlor jedoch nicht nur den größten Teil seiner Flotte, sondern auch Gebäude, Dock- und Pieranlagen, Lade- und Löscheinrichtungen sowie alle festen Ausrüstungen der deutschen Schiffahrtsgesellschaften in ausländischen Häfen. In den USA ging damit das Hoboken-Dockgelände (New York) mit allen seinen Einrichtungen in amerikanischen Besitz über. Das Deutsche Reich erließ am 31. August 1919 das »Gesetz über die Enteignung der deutschen Handelsflotte«, die sich ja im Besitz von Schiffahrtsgesellschaften oder in privater Hand befand. Die Schiffe mußten an den »Shipping Controller«, der als Vertreter der britischen Regierung fungierte, abgeliefert werden. Lediglich der bei den Stettiner Oderwerken im Februar 1919 vom Stapel gelassene Dampfer E. Russ (993 BRT), einziger Schiffsneubau des Jahres 1919, blieb vor der Beschlagnahme verschont. Die Hamburger Reederei Ernst Russ stellte das Schiff im Oktober 1919 in Dienst. Alle Schiffe, die nach dem Juli 1920 fertiggestellt wurden, konnten von den deutschen Eignern behalten werden.

Trotz der umfassenden Maßnahmen der Siegermächte war die Entwicklung der deutschen Seeschiffahrt nicht völlig unterbrochen. Bereits um die Mitte des Jahres 1919 begannen deutsche Schiffahrtsunternehmen mit ihren wenigen eigenen, kleinen Schiffen oder mit gecharterter Tonnage den Handel zur See aufzubauen. Die Hamburg-Amerika Linie verfügte nach der Ablieferung ihrer Flotte nur noch über etwa 82500 BRT. Mit 57000 BRT Schiffsraum mußte der Norddeutsche Lloyd, Bremen, seinen Wiederaufbau beginnen. Davon war der Bäderdampfer Grüssgott mit einer Vermessung von 725 BRT das größte Schiff. Der Hamburg-Südamerikanischen Dampfschiffahrts-Gesellschaft standen zur gleichen Zeit nur die für die Brasilienfahrt gecharterten Segelschoner Lisa, Hoherweg und Hedwig zur Verfügung. Verschiedene Reedereien hatten jedoch bereits vor der Ratifizierung des Friedensvertrages von Versailles (10. Januar 1920) erste Liniendienste von deutschen Häfen aus aufgenommen. Die Ozean-Passagierschiffahrt unter deutscher Flagge betraf das jedoch nicht. Von den ehemaligen großen Passagierschiffen der Vorkriegszeit lief keines mehr für ein deutsches Unternehmen. Falls diese nicht als Kriegsverluste infolge von Kampfhandlungen, Minentreffern usw. abgeschrieben werden mußten, wurden sie noch während des Krieges von den Ententemächten beschlagnahmt. Der verbliebene Rest mußte, wie bereits erwähnt, nach Beendigung der Kriegshandlungen abgeliefert werden. Die einstigen deutschen »Giganten der Ozeane« waren nun die größten Schiffe in den Flotten der Siegermächte. Die mit 56551 BRT vermessene BISMARCK, nach ihrer Fertigstellung im März 1922 größtes Schiff der Welt, wurde in MAJESTIC umbenannt und lief danach unter der Flagge Großbritanniens. Ebenfalls unter britischer Flagge, umbenannt in BERENGARIA, kam die ehemalige IMPERATOR (52117 BRT) in Fahrt. Der Ozeanriese VATERLAND (54282 BRT) wurde im April 1917 von den USA beschlagnahmt und danach als LEVIATHAN mit Heimathafen New York beschäftigt.

Da es den deutschen Schiffahrtsunternehmen vorerst nicht möglich war, eigene Passagier-Liniendienste ins Leben zu rufen, wurden mit verschiedenen ausländischen Reedereien diesbezügliche Abkommen geschlossen. Bereits im Juli 1919 eröffnete die US-amerikanische Kerr-Steamship Line in Gemeinschaft mit der Hamburg-Amerika Linie einen Passagier-Liniendienst zwischen Hamburg und der nordamerikanischen Ostküste. Aufgabe des Hamburger Unternehmens war die Abfertigung der amerikanischen Schiffe in Hamburg. Ähnliche Verträge schloß die Hamburg-Amerika Linie im Jahre 1920 auch mit britischen Reedereien ab. Wesentlich für die deutsche Passagierschiffahrt waren die Vertragsabschlüsse zwischen der Hamburg-Amerika Linie und der United American Lines (Harriman-Konzern) sowie der am 27. August 1920 abgeschlossene Vertrag zwischen dem Norddeutschen Lloyd, Bremen, und der United States Mail Steamship Company Inc. Inhalt dieser Kontrakte war die Versorgung der Passagierschiffe und die Betreuung der Fahrgäste auf beiden Seiten des Ozeans. Als erstes großes Passagierschiff der Nachkriegszeit machte am 18. August 1920 das ehemalige Lloyd-Schiff RHEIN, als SUSQUEHANNAH (9959 BRT) der US Mail S. S. Co., in Bremerhaven seine Leinen fest. Das erste Schiff des Gemeinschaftsdienstes zwischen der Hamburg-Amerika Linie und den United American Lines traf am 17. Januar 1921 in Cuxhaven ein. Es war die MOUNT CLAY, das ehemalige Lloyd-Schiff PRINZ EITEL FRIEDRICH. Die mit dem Norddeutschen Lloyd kooperierende Reederei aus den USA beschäftigte zu jener Zeit 8 ehemalige Lloyd-Schiffe. Die vertraglich geregelte Selbständigkeit hielt sich zwar anfangs noch in Grenzen, es bestand jedoch die Möglichkeit, die zeitweilig unterbrochenen Verbindungen mit dem Ausland neu zu beleben. Auch die Hamburg-Südamerikanische Dampfschiffahrts-Gesellschaft (Hamburg-Süd) blieb in ihren Aktivitäten nicht hinter den anderen deutschen Reedereien zurück. Im Dezember 1920 nahm die Hamburg-Süd mit der ARGENTINIA den Passagierdienst zu den Häfen Südamerikas wieder auf. Dieses mit 5668 BRT vermessene Schiff konnte neben Frachtgütern gleichzeitig 585 Passagiere in der III. Klasse befördern. Am 16. Dezember 1920 von der Werft G. Seebeck AG, Geestemünde, abgeliefert, lief die ARGENTINIA am 30. Dezember 1920 zur Jungfernreise von Hamburg zum La Plata aus. Die Deutsche Ostafrika-Linie, Hamburg, fertigte am 17. März 1921 das Turbinenschiff USARAMO zur Jungfernreise nach Ostafrika ab. Es war in diesem Fahrtgebiet das erste neugebaute Passagierschiff unter deutscher Flagge nach dem ersten Weltkrieg. Auch der Afrika-Dienst konnte anfangs nur mit gecharterter Tonnage wieder aufgenommen werden. Die Hamburg-Amerika Linie stellte am 23. August 1921 das Passagier- und Frachtschiff BAYERN im Nordatlantik-Dienst ein. Es war der erste Nachkriegsneubau für den Verkehr auf dem Nordatlantik. Die BAYERN glich zwar noch den typischen Auswandererschiffen der Vorkriegszeit, besaß aber bereits weitaus modernere Passagiereinrichtungen. Am 20. Juli 1921 kaufte die Hamburg-Süd aus Großbritannien die CAP POLONIO zurück. Nach einem Umbau bei Blohm & Voss in Hamburg lief am 16. Februar 1922 dieses mit 20576 BRT vermessene und damit größte Schiff der deutschen Handelsflotte zur ersten Reise von Hamburg nach Südamerika aus. Bereits im Dezember 1922 setzte die Hamburg-Süd die CAP POLONIO erstmals von Häfen Südamerikas für Kreuzfahrten ein. Im Jahre 1922 konnte die Reederei ihre Flotte durch mehrere neugebaute Fracht- und Passagierschiffe vergrößern. Es handelte sich dabei um die Schiffe der España-Klasse – ESPAÑA, LA CORUNA, VIGO –, die vor allem für den

Die CAP NORTE im Hafen von Hamburg. Foto: Sammlung Rothe

Transport großer Mengen Fracht und vieler Auswanderer eingerichtet waren sowie um die Passagierschiffe ANTONIO DELFINO und CAP NORTE.

Besondere Bedeutung für die Reederei-Geschichte des Norddeutschen Lloyd hatte das sogenannte »Columbus«-Abkommen. Ausgangspunkt dafür war die bereits 1913 auf der Werft der F. Schichau GmbH im Werk Danzig (Gdansk) vom Stapel gelassene COLUMBUS mit der Baunummer 891. Der britische »Shipping Controller« hatte das mit 34351 BRT vermessene Schiff an die White Star Line, Liverpool, verkauft. Danzig, seit 1919 als Protektorat des Völkerbundes »Freie Stadt Danzig« und Sitz der Bauwerft, die ja noch Eigentümer der COLUMBUS war, machte eine komplikationslose Beschlagnahme dieses Neubaus unmöglich. Die Stadt gehörte nicht mehr zum Deutschen Reich, unterlag deshalb auch nicht den Bestimmungen des Versailler Friedensvertrages. Es mußte verhandelt werden. Einig wurden sich die Beteiligten erst im September 1921. Die Fertigstellung der COLUMBUS ging auf britische Rechnung. Sie wurde als HOMERIC unter britischer Flagge in Dienst gestellt. Die Reederei aus Bremen durfte dafür ihre Passagierschiffe YORK und SEYDLITZ sowie die Frachter HOLSTEIN, GOTHA, WESTFALEN und GÖTTINGEN, die sich während des Krieges in südamerikanischen Häfen befanden, behalten.

Im Jahre 1921 kam es zur Wiederaufnahme der deutschen Schiffahrtsgesellschaften in die transatlantische und südamerikanische Konferenz. Unter Einbeziehung der deutschen Linien wurde auch die ostasiatische Konferenz erneuert. Innerhalb der deutschen Reedereien bildeten sich Interessengemeinschaften, die neue Liniendienste aufnahmen. Solche Interessengemeinschaften entstanden in der Nordatlantikfahrt, im Südamerika-Dienst sowie in der Afrika-, Ostasien- und Australienfahrt. Hinter den Bestrebungen der Reeder und Werfteigner, nach dem Versailler Friedensvertrag erneut Anschluß an die internationale Entwicklung auf dem Gebiet des überseeischen Fracht- und Passagierverkehrs zu finden, standen die massiven politischen und ökonomischen Interessen der Machthaber der Weimarer Republik mit ihrer Forderung nach deutscher See- und Weltgeltung.

Auch in den Jahren nach dem ersten Weltkrieg hatte der Verkehr auf dem Nordatlantik in der deutschen Passagier-Linien-Schiffahrt einen hohen Stellenwert. Die Hamburg-Amerika Linie baute ihren Nordatlantik-Dienst im Rahmen des zwischen ihr und dem Harriman-Konzern bestehenden Vertrages ständig weiter aus. Konnte das Hamburger Unternehmen den Einsatz der Schwesterschiffe BAYERN und WÜRTTEMBERG im Jahre 1921 bereits als Erfolg in diesem Fahrtgebiet verbuchen, gelang 1923 mit den Schiffen THURINGIA, WESTPHALIA und ALBERT BALLIN der Durchbruch. Etwa zur gleichen Zeit verstärkte auch der Norddeutsche Lloyd, Bremen, seinen Passagier-Liniendienst nach Nordamerika, indem er u. a. die SEYDLITZ und die Neubauten KÖLN und SIERRA VENTANA zwischen Bremen und New York in Fahrt brachte. Im März 1923 eröffnete der Norddeutsche Lloyd einen 18tägigen Dienst von Bremerhaven nach Baltimore und Philadelphia. Den Nordatlantik-Dienst der Reederei verstärkte im Juni 1923 die mit 13325 BRT vermessene MÜNCHEN.

Im südamerikanischen Fahrtgebiet gelang es der Hamburg-Süd, sich wieder eine Vormachtstellung zu erobern. Neben der Hamburg-Süd unterhielten aber auch noch verschiedene andere deutsche Schiffahrtsunternehmen regelmäßige Liniendienste nach den Häfen Südamerikas. Zwischen Bremerhaven und der südamerikanischen Ostküste beschäftigte ab 1922 der Norddeutsche Lloyd, Bremen, u. a. die CREFELD, die SIERRA NEVADA und ab 1923 auch die SAARBRÜCKEN. Diese neugebauten Kombischiffe eigneten sich sowohl für den Fracht- als auch für den Passagierverkehr. Die Hamburg-Amerika Linie nahm mit dem Frachtdampfer FRANKENWALD (5062 BRT) im Dezember 1922 den Dienst zur südamerikanischen Westküste wieder auf. Mit dem Dampfer ODENWALD (5098 BRT) wurde im April 1923 der Deutsche Westküsten–Dienst eröffnet, an dem die Unternehmen Hamburg-Amerika Linie, Roland-Linie AG, Bremen, und »Kosmos«, Deutsche Dampfschiffahrts-Gesellschaft, Hamburg, beteiligt waren. In diesem Fahrtgebiet kamen ab 1923 außerdem die Dampfer SPREEWALD (5083 BRT) und WASGENWALD (4990 BRT) zum Einsatz. Die genannten Schiffe verfügten jeweils über etwa 10 Passagierplätze. Zur Ostküste Südamerikas waren

Stapellauf der MÜNCHEN. Foto: Sammlung Rothe

ab 1922 u .a. die Hapag-Schiffe BADEN (8803 BRT und Platz für 750 Passagiere in der III. Klasse) und SACHSEN (8109 BRT und Platz für ca. 35 Passagiere in der I. Klasse) beschäftigt. Ab 1923 wurde von der Hamburg-Amerika Linie auch die WÜRTTEMBERG in diesem Fahrtgebiet eingesetzt. Schiffe der Hugo Stinnes AG für Seeschiffahrt & Überseehandel, Hamburg, liefen die Ostküste von Südamerika an. Bereits im April 1920 hatte die Hamburg-Amerika Linie mit dem kleinen Frachtdampfer GRIMM ex STEINBEIS ex DALÄLFVEN (1439 BRT) den Liniendienst nach Kuba und Mexiko aufgenommen. Der Passagier- und Postdienst zwischen Hamburg und Mexiko wurde am 10. April 1922 durch den Hapag-Dampfer HAMMONIA ex HOLLANDIA (7291 BRT) eröffnet. Einen Monat später

Schwimmbad für Passagiere auf der Coblenz.
Foto: Sammlung Rothe

dampfte dann auch das Schwesterschiff Holsatia ex Frisia (7315 BRT) auf dieser Linie. Speziell für diesen Dienst hatte die Hamburg-Amerika Linie die beiden Schiffe aus den Niederlanden gekauft. Ebenfalls ein Schiff aus der Vorkriegszeit war die mit 8106 BRT vermessene Toledo, die unter Hapag-Flagge am 18. Janurar 1923 zur ersten Reise von Hamburg nach Mexiko abgefertigt wurde. Die Toledo verfügte über Einrichtungen für 95 Passagiere in der I., 100 in der II. und etwa 390 in der III. Klasse. Im Jahre 1914 für die Deutsche Ostafrika-Linie, Hamburg, vom Stapel gelaufen, war das Schiff nach der Ablieferung 1919 für kurze Zeit unter britischer Flagge in Fahrt und wurde im November 1922 von der Hamburg-Amerika Linie gekauft.

Die Linienschiffahrt nach dem Fernen Osten betrieben gemeinsam die deutschen Schiffahrtsunternehmen Hamburg-Amerika Linie und Norddeutscher Lloyd mit den britischen Gesellschaften A. Holt & Co., Liverpool, und den Ellerman Lines Ltd., Liverpool. Der Hapag-Dampfer Havelland, mit 6334 BRT vermessen, eröffnete im Dezember 1921 diese Schiffsverbindung unter deutscher Flagge. Die im Jahre 1922 im Ostasien-Dienst eingesetzten Hapag-Dampfer Preussen (8224 BRT), Münsterland (6315 BRT), Rheinland (6552 BRT) und Ermland (6521 BRT) konnten maximal nur 10 bis 12 Passagiere an Bord aufnehmen. Die 1923 eingesetzte Oldenburg machte mit ihrem Platzangebot für ca. 40 Passagiere in der I. Klasse eine Ausnahme. Der Passagierverkehr von Deutschland zu den Häfen im Fernen Osten wurde Ende 1922 durch den im gleichen Jahr vom Stapel gelassenen Lloyd-Dampfer Weser (9450 BRT) eröffnet.

Im August 1922 konnte nach Australien ein 4wöchentlicher Dienst eingerichtet werden. Beteiligt waren daran neben der britischen Reederei A. Holt & Co., Liverpool, die wesentlichen Anteil am Wiederaufbau dieses Dienstes hatte, der Norddeutsche Lloyd und die Deutsch-Australische Dampfschiffs-Gesellschaft, Hamburg. Der Norddeutsche Lloyd brachte in diesem Fahrtgebiet eines seiner alten Schiffe zum Einsatz. Der im Jahre 1907 fertiggestellte Frachtdampfer Göttingen (5441 BRT), den die Reederei im Rahmen des »Columbus«-Abkommens behalten durfte, wurde am 7. Oktober 1922 zur ersten Reise des neuen Australien-Dienstes abgefertigt.

Im Liniendienst nach Afrika waren die Deutsche Ostafrika-Linie Hamburg, die Woermann-Linie AG, Hamburg, die Hamburg-Amerika Linie und die Hamburg-Bremer Afrika-Linie, Bremen, vertreten. Am 9. Juli 1921 stellte die Deutsche Ostafrika-Linie das Turbinenschiff Ussukuma in den Liniendienst zwischen Hamburg und den Häfen an der Ostküste Afrikas ein. Die Hamburg-Amerika Linie beschäftigte im gleichen Fahrtgebiet ab 1922 die Tanganjika. Die Woermann-Linie AG bediente dagegen mit ihren Schiffen Wangoni, Wadai und Wahehe den Liniendienst zur Westküste Afrikas. Ab 1923 kam in diesem Fahrtgebiet die mit 8577 BRT vermessene Adolph Woermann zum Einsatz. Damit konnte auch der Passagierverkehr zwischen Deutschland und den Häfen Afrikas als gesichert bezeichnet werden.

Im Vergleich zu den bereits genannten deutschen Liniendiensten hatte der Schiffsverkehr in die Länder der Levante, gemessen am Anteil im

Passagierverkehr, einen niedrigeren Stellenwert. Die in der Levantefahrt beschäftigten Schiffe verfügten im Gegensatz zu denen nach Übersee in der Regel über weniger Plätze für Fahrgäste, und sie hatten eine geringere Vermessung. Ende 1919 wurde die Deutsche Levante-Linie AG, Hamburg, (D. L. L.), als GmbH eine Tochtergesellschaft der Hamburg-Amerika Linie. Im Januar des Folgejahres erwarb die Hapag durch Kauf die D. L. L. mit allen ihren Schiffen. Unverändert blieben jedoch die Reedereiflagge und die Schornsteinmarke.

Das am 23. Februar 1921 durch den deutschen Reichstag ratifizierte Reederei-Abfindungsgesetz brachte den Schiffahrtsunternehmen nicht die erhofften finanziellen Mittel, da die Entschädigungssummen durch die Inflation geschmälert wurden. Nach dem Entschädigungsgesetz sollten den Schiffahrtsgesellschaften 12 Milliarden Papiermark ausgezahlt werden. Diese Summe entsprach einem Goldwert von 6 Millionen Mark, also ein wenig mehr als $^{1}/_{3}$ des tatsächlichen Wertes der zerstörten und ausgelieferten Handelsflotte. Trotzdem hatte die deutsche Handelsflotte im Jahre 1923 wieder einen international bedeutsamen Stand erreicht.

Die Periode der relativen Stabilisierung des Kapitalismus förderte den Ausbau der deutschen Handelsflotte. Während der zeitweiligen Konjunktur erhöhten sich die Schiffsneubauten auf deutschen Werften beträchtlich, wobei amerikanische Kredite Investitionen förderten und gleichzeitig amerikanische Rationalisierung, d. h. intensivere Ausbeutung der Arbeiter, den deutschen Unternehmern als Vorbild diente. Auch stand hinter den meisten Reedern und Werften die politische und wirtschaftliche Macht des deutschen Bank- und Rhein-Ruhr-Kapitals.

Ein weitverzweigtes Liniennetz verband Deutschland mit allen Erdteilen. Verfügte Deutschland im Jahre 1920 nur über 901 Handelsschiffe mit zusammen 419483 BRT, so hatte sich der Bestand im Jahre 1923 immerhin auf 1745 Schiffe mit zusammen 2509768 BRT erhöht. Die Hamburg-Amerika Linie hatte Ende 1923 einen in Fahrt befindlichen Schiffsraum von zusammen 373027 BRT sowie 15800 BRT Schiffsraum, der sich noch im Bau befand. Dem Norddeutschen Lloyd, Bremen, standen zur gleichen Zeit 286365 BRT in Fahrt und 66500 BRT im Bau befindlicher Schiffsraum zur Verfügung. Die Welthandelstonnage betrug im gleichen Zeitraum (1923) 62335373 BRT, bestehend aus 29246 Dampf- und Motorschiffen. Folgende Staaten hatten daran den höchsten Anteil:

Großbrit.	mit 8299	Schiffen =	19115178 BRT
USA	mit 4217	Schiffen =	15623229 BRT
Japan	mit 2003	Schiffen =	3604147 BRT
Frankreich	mit 1659	Schiffen =	3452940 BRT
Italien	mit 1043	Schiffen =	2880776 BRT
Niederlande	mit 1051	Schiffen =	2607210 BRT
Deutschland	mit 1745	Schiffen =	2509768 BRT
Norwegen	mit 1669	Schiffen =	2375970 BRT
Spanien	mit 779	Schiffen =	1198716 BRT
Schweden	mit 1164	Schiffen =	1135612 BRT

Um international konkurrenzfähig zu sein, legten die deutschen Reedereien besonderen Wert auf gute Wirtschaftlichkeit der Schiffe. Diesem Ziel entsprach der relativ hohe Anteil an Schiffsneubauten in der deutschen Handelsflotte. Die Hamburg-Amerika Linie, die rentable Schiffe in Fahrt bringen wollte, orientierte sich an den ehemaligen P-Dampfern der Vorkriegszeit und an der CLEVELAND und CINCINNATI. Ein nach diesen bewährten Vorbildern weiterentwickelter Schiffstyp sollte Sicherheit und Bequemlichkeit für die Passagiere mit einer wirtschaftlichen Dienstgeschwindigkeit verbinden. Mit dem auf der Werft von Blohm & Voss fertiggestellten ersten deutschen Passagierschiffsneubau über 20000 BRT nach dem ersten Weltkrieg, der bereits erwähnten ALBERT BALLIN, konnte die Hamburg-Amerika Linie am 17. Juni 1923 einen ihren Vorstellungen entsprechenden neuen Schiffstyp in Dienst stellen. Die gleiche Werft lieferte im Dezember 1923 das Schwesterschiff DEUTSCHLAND an die Reederei ab. Diese beiden Schiffe sowie die etwas größeren Schwesterschiffe HAMBURG und NEW YORK waren bis zum Beginn des zweiten Weltkrieges rentabel im Nordatlantik-Dienst im Einsatz.

Die ALBERT BALLIN im Hafen von Hamburg. Foto: Sammlung Rothe

Zur Absicherung des deutschen Warenverkehrs nach Übersee und im Passagierverkehr auf allen Linien war der vorhandene Schiffsraum aber weiterhin noch unzureichend. Nur der Bau neuer und größerer Schiffe konnte diese Situation verändern und den Anteil Deutschlands am Welthandel verbessern. Die Zahl der Stapelläufe auf deutschen Werften stieg laufend. Erwähnenswert sind in diesem Zusammenhang die beiden Motorschiffe mittlerer Größe RIO BRAVO und RIO PANUCO der Flensburger Dampfercompagnie. Für den zukünftigen Einsatz in der Mexiko-Fahrt in Auftrag gegeben, liefen beide 1924 auf der Friedrich Krupp-Germaniawerft in Kiel vom Stapel. Sie waren mit 5900 BRT vermessen und konnten neben dem Transport von Gütern 176 Passagiere in einfachen, dafür aber preiswerten Unterkünften aufnehmen. Beide Schiffe übernahm ab 1931 der Norddeutsche Lloyd.

Ein besonderer Höhepunkt des Jahres 1924 war für Deutschlands Ozean-Passagierschiffahrt die Indienststellung der mit 32354 BRT vermessenen COLUMBUS. Die im Nordatlantik-Dienst und für Karibik-Kreuzfahrten des Norddeutschen Lloyd beschäftigte COLUMBUS blieb bis 1929 größtes und schnellstes Handelsschiff unter deutscher Flagge. Nach 1929 bis zum Beginn des zweiten Weltkrieges war die COLUMBUS hinter den Lloyd-Schnelldampfern EUROPA und BREMEN drittgrößtes deutsches Passagierschiff. Mit der FULDA stellte der Norddeutsche Lloyd im Dezember 1924 sein erstes Passagiermotorschiff in Dienst. Die Beseitigung des Zwischendecks als Unterkunft für Fahrgäste gehörte in den 20er Jahren zu den bedeutendsten Reformen in der deutschen Passagierschiffahrt. Es kam zur Einrichtung der III. Klasse und der sogenannten Touristenklasse, einer Zwischenform der II. und III. Klasse. In der III. Klasse standen den Passagieren Kammern mit 2, 4 oder 6 Betten zur Verfügung. Außerdem gab es einen geräumigen Speisesaal, gemeinsame Gesellschaftsräume und ein spezielles Promenadendeck. Mit der Indienststellung der MONTE SARMIENTO der Hamburg-Süd am 15. November

1924 konnte die deutsche Handelsflotte erstmals ein Einklassenschiff vorweisen. Den Passagieren dieses ersten deutschen Motorschiffes über 10000 BRT standen alle Räume und Decks zur Verfügung.

Haupttendenzen der wirtschaftlichen Entwicklung im Jahrzehnt nach der Gründung der Weimarer Republik in Deutschland waren einmal das wachsende Eindringen vor allem des amerikanischen Kapitals, das die Regelung der Reparationsfragen zum Anlaß nahm, seinen Einfluß in Deutschland zu verstärken, war zum anderen die Abwälzung der Lasten des verlorenen Krieges auf die werktätigen Massen durch die Inflation und schließlich ein schneller Konzentrationsprozeß in den wichtigsten Industrien, der durch die kapitalistische Rationalisierung gefördert wurde. Die monopolistische Konzentration vollzog sich auch auf dem Gebiet der deutschen Handels- und Passagierschiffahrt.

Im Jahre 1925 kam es zur Vereinigung des Norddeutschen Lloyd, Bremen, der Roland-Linie AG,

Kabine auf dem D-Deck an Bord der COLUMBUS.
Foto: Sammlung Rothe

Große Gesellschaftshalle in der I. Klasse an Bord der COLUMBUS.
Foto: Sammlung Rothe

Bremen, und der Dampfschiffs-Reederei »Horn«, Lübeck. Die einheitliche Leitung der bis dahin eng verwandten und nunmehr fusionierten Reedereien führte zu einer rationelleren Verwertung des Schiffsmaterials, zu einer besseren Dispositionsmöglichkeit auf den Linien sowie zu einer Einsparung von Verwaltungsmitteln. Dieser Entwicklung fielen jedoch eine ganze Reihe kleinerer Reedereien zum Opfer, die einer so großen Konkurrenz nicht gewachsen waren. Ähnliche Zusammenschlüsse folgten später zwischen anderen Schiffahrtsunternehmen, beispielsweise im November 1926 zwischen der Hamburg-Amerika Linie, der Deutsch-Australischen Dampfschiffs-Gesellschaft, Hamburg, und der Deutschen Dampfschiffs-Gesellschaft »Kosmos«, Hamburg. Auch verschiedene deutsche Werften schlossen sich zusammen. Beispielsweise fusionierten im Dezember 1926 die AG »Weser«, Bremen, die Stettiner Maschinenbau AG »Vulcan«, Stettin-Grabow, Werk Hamburg, und die J. C. Tecklenborg AG, Geestemünde, zur Deutschen Schiffs- und Maschinenbau AG. Beachtenswerte Kapitalerhöhungen der führenden Werften und Reedereien sowie erhöhte Wirtschaftlichkeit waren die Resultate dieser Verbindung. Diese Konzentration ermöglichte sowohl der Hamburg-Amerika Linie wie auch dem Norddeutschen Lloyd weitere Vergrößerungen ihrer Flotten. Im deutschen Schiffbau setzte eine zeitweilige Konjunktur ein, die bestehende Schwierigkeiten auf den deutschen Werften hinsichtlich fehlender Aufträge zunächst abbaute.

Der Gesamtraumgehalt der deutschen Handelsflotte betrug Ende 1926 3419555 BRT, die Flotte umfaßte insgesamt 4045 Dampf- und Motorschiffe. Den größten Anteil am Schiffsneubauprogramm hatte der Norddeutsche Lloyd. Mit der Auftragserteilung für 2 neue Schnelldampfer (Bremen und Europa), die an Größe alle Schiffe, die nach dem ersten Weltkrieg in Deutschland vom Stapel gelaufen waren, in den Schatten stellen sollten, sicherte dieses Unternehmen für längere Zeit Arbeitsplätze in den Werften Blohm & Voss, Hamburg, in der Deutschen Schiffs- und Maschinenbau-AG, Werk AG »Weser«, Bremen, und in

Die Europa im Dock. Foto: Sammlung Rothe

vielen Zulieferbetrieben. Neben diesen beiden Prestige-Schiffen, mit denen sich der Norddeutsche Lloyd erneut die führende Stelle im Nordatlantik-Dienst sichern wollte, gab die Reederei noch verschiedene Frachtschiffe bei anderen Schiffbaubetrieben in Auftrag. Auch von der Hamburg-Amerika Linie, der Hamburg-Süd sowie verschiedenen kleineren Reedereien wurden Neubauaufträge an die Werftindustrie vergeben.

Im Jahre 1926 konnte ein deutlicher Aufschwung in der Passagierschiffahrt registriert werden. Gegenüber 1925, wo 193595 Personen über Bremen und Hamburg ein- und ausreisten, hatte sich die Zahl auf 225892 Personen erhöht. Von diesen Passagieren nutzten 102000 die I. und II. Klasse. Vor allem im Nordatlantikverkehr konnte eine gute Auslastung der preiswerten und bequem ausgestatteten Touristenklasse verzeichnet werden. Die Schiffe der Albert-Ballin-Klasse, die im Nordatlantik-Dienst verkehrten, sowie die Schiffe der Monte-Klasse, die im Dienst nach Südamerika im Einsatz waren, erfreuten sich besonders großer Beliebtheit bei den Passagieren.

Nach der Trennung vom amerikanischen Harriman-Konzern erhielt die Hapag-Flotte in der Mitte des Jahres 1926 Zuwachs durch die Passagierschiffe CLEVELAND, RELIANCE sowie RESOLUTE. Infolge der vorzeitigen Aufhebung des 1920 auf die Dauer von 20 Jahren abgeschlossenen Vertrages gingen nicht nur die genannten 3 Passagierschiffe in den Besitz der Hamburger Reederei über, sondern auch die beiden Manhatten-Piers. Die Hamburg-Amerika Linie und der Norddeutsche Lloyd, Bremen, verfügten Ende 1927 wieder über etwa $^{2}/_{3}$ des gesamten deutschen Schiffsbestandes. Im gleichen Jahr waren bei Lloyd's Register of Shipping 1928 Dampf- und Motorschiffe mit zusammen 3062095 BRT unter deutscher Flagge registriert. Der Tonnage nach hatte Deutschland in der Weltschiffahrt Platz 6 eingenommen. Die Welthandelstonnage betrug mit 29092 Schiffen zusammen 62671937 BRT. Im Weltschiffbau stand nach Großbritannien der deutsche Schiffbau mit insgesamt 407620 BRT (nach Lloyd's) an zweiter Stelle. Neben dem ständigen Ausbau der Flotte erweiterten die Reedereien bestehende Schiffahrtslinien und errichteten neue Dienste.

Die erst 1919 gegründete Hamburger Reederei Arnold M. Bernstein hatte 1926 mit den amerikanischen Ford-Werken einen Vertrag zur Beförderung von Personenkraftwagen von den USA nach Europa abgeschlossen. Für diesen Einsatz kaufte Arnold Bernstein im Jahre 1928 3 Schiffe von der Shaw, Savill & Albino Co. Ltd., Southampton, ließ sie zu Einklassenschiffen umbauen und setzte sie ab 1933 als Autotransporter ein. Das Flaggschiff KÖNIGSTEIN ex ARAWA (7415 BRT) konnte neben 450 Pkws 300 Fahrgäste in Zweibettkabinen aufnehmen. Die ILSENSTEIN ex MATAUA und die GEROLSTEIN ex MAMARI hatten für jeweils 180 Passagiere Platz. Eingerichtet wurde ein wöchentlicher Dienst zwischen Hamburg/Rotterdam und New York. In der Nordatlantikfahrt blieben diese Schiffe allerdings hinter den weitaus größeren Schiffen der Albert-Ballin-Klasse und den Schnelldampfern an Bedeutung zurück, verdienen es jedoch, im Passagierverkehr und als Autotransporter zwischen Europa und den USA genannt zu werden.

Die CAP ARCONA, MONTE SARMIENTO und MONTE ROSA im Hamburger Hafen. Foto: Sammlung Gersdorf

Die Hamburg-Amerika Linie brachte nach dem Kauf der NEPTUNIA ex PEER GYNT ex AVARE ex SIERRA SALVADA im April 1927 aus Italien und ihrem Umbau ihr erstes Kreuzfahrtschiff in Fahrt. Das am 19. November 1927 zur Jungfernreise von Hamburg nach Argentinien ausgelaufene neue Flaggschiff der Hamburg-Süd, die CAP ARCONA (27561 BRT), war in der Südamerikafahrt größtes und schnellstes Schiff. Im Dienst auf dem Nordatlantik waren jedoch ausländische Reedereien führend. Nachdem der Norddeutsche Lloyd sein Wiederbeschaffungsprogramm in der Frachtschiffahrt abgeschlossen hatte, wollte er sich in größerem Umfang am Nordatlantik-Passagierdienst beteiligen. Ende 1926 hatte sich die Reederei für den Bau von 2 Vierschrauben-Turbinen-

Schnelldampfern entschlossen. Die Schiffbaubetriebe Blohm & Voss in Hamburg und A. G. »Weser«, Bremen (ab 28. Dezember 1926 Deutsche Schiffs- und Maschinenbau-AG, Werk Weser (Deschimag, Sitz Bremen), erhielten den Auftrag für den Bau je eines Schnelldampfers. Die Schiffe sollten nach der Fertigstellung eine Durchschnittsgeschwindigkeit von 26,25 Knoten haben. Wie bereits in der Zeit vor dem ersten Weltkrieg war im Schnelldampfer-Dienst zwischen Europa und den USA hinsichtlich der Auslastung der Schiffe die Einhaltung einer genau festgelegten Dienstgeschwindigkeit von nicht geringer Bedeutung, denn wenn ein Schiff nicht rechtzeitig im Hafen von New York festgemacht hatte, ging den Reisenden ein Tag verloren, da sie von den Behörden nicht mehr abgefertigt wurden.

Mit der Indienststellung des ersten neuen Schnelldampfers, der Bremen, durch den Norddeutschen Lloyd änderte sich das Bild im Passagier-Liniendienst auf dem Nordatlantik. Dieses neue Turbinenschiff mit einer Vermessung von 51731 BRT wurde nur noch von der Majestic ex Bismarck (56551 BRT/ehemals Hapag) der White Star Line, Liverpool, sowie der Berengaria ex Imperator (52226 BRT/ehemals Hapag) der Cunard Line, Liverpool, übertroffen. Die Erwartungen des Norddeutschen Lloyd sollten sich mit ihrem neuen Ozeanriesen auf Anhieb erfüllen. Die Bremen durchlief die Meßstrecke Cherbourg (Bishop Rock)–New York (Ambrose Cannel Light Vessel) in einer neuen Rekordzeit. Damit gelang es der Bremen, das »Blaue Band« für die schnellste Überquerung des Nordatlantik für

Abfahrt des Schnelldampfers Bremen. Foto: Sammlung Wald

Speisehalle der Touristenklasse an Bord der EUROPA.
Foto: Sammlung Rothe

Deutschland zurückzugewinnen. Die Trophäe befand sich seit mehr als 20 Jahren im Besitz des Schnelldampfers MAURETANIA der Cunard Line, Liverpool. Im März 1930 stellte der Norddeutsche Lloyd seinen zweiten neuen Schnelldampfer, die EUROPA, in Dienst. Auf ihrer Jungfernfahrt war sie schneller als ihr Schwesterschiff BREMEN. Aus Gründen der Werbung für beide Liner ließ die Reederei die BREMEN im Juli 1933 das »Blaue Band« zurückgewinnen, indem sie die EUROPA nur mit reduzierter Leistung laufen ließ. Zusammen mit der COLUMBUS, deren äußeres Bild durch Umbauten den beiden größeren Lloyd-Schnelldampfern angeglichen wurde, verfügte der Norddeutsche Lloyd über die 3 größten Passagierschiffe unter deutscher Flagge. Mit diesen Schiffen gelang es dem Bremer Schiffahrtsunternehmen wieder einen Schnelldampfer-Dienst zwischen Deutschland und New York einzurichten.

Aber auch der Hamburg-Amerika Linie war es möglich, sich mit ihren 4 Schiffen der Albert-Ballin-Klasse eine Vormachtstellung auf dem Nordatlantik zu erkämpfen. Die Passagier- und Frachtschiffe ALBERT BALLIN, DEUTSCHLAND, HAMBURG und NEW YORK verkehrten in einem Jahr auf etwa 10 Doppelreisen zwischen Hamburg und New York. Die Passagiere verbrachten dabei etwa 8 Tage auf See. Der Dienst war so eingerichtet, daß wöchentlich von jedem der beiden Kontinente ein Schiff abfuhr. Für die Aus- und Heimreise sowie die Liegezeiten in beiden Endhäfen standen 35 Tage zur Verfügung. Die Liegezeit in New York wurde mit $5^1/_4$ Tagen berechnet. Durch einen Umbau aller 4 Schiffe bei Blohm & Voss gelang es, die Reisezeit zu unterbieten. Am 29. Mai 1930, nach der Werftablieferung der umgebauten DEUTSCHLAND, hatten alle Schiffe der Albert-Ballin-Klasse eine neue Maschinenanlage mit größerer Leistung. Die Fahrtdauer einer Ozeanüberquerung konnte damit auf etwa 6,5 Tage verkürzt, die Zahl der Reisen im Jahr auf 13 erhöht werden. Im neuen Fahrplan standen für die 4 umgebauten schnelleren Schiffe bei wöchentlicher Abfahrt nur 28 Tage zur Verfügung. Mit durchschnittlich 18,75 Knoten benötigten sie für eine Ozeanüberquerung etwa $6^2/_3$ Tage, für die Liegezeit in New York waren $4^1/_2$ Tage eingeplant. Diese bereits beachtliche Leistung konnte durch nochmalige Umbauten aller Schiffe einige Jahre später im Schwimmdock von Blohm & Voss weiter gesteigert werden. Die Dienstgeschwindigkeit der 4 Schiffe betrug nach den Umbauten jeweils 21,5 Knoten, ohne daß eine Veränderung an der Maschinenanlage vorgenommen wurde.

Die Weltwirtschaftskrise von 1929/32, die alle kapitalistischen Industriestaaten erfaßte und durch die hohe Monopolisierung der Industrie und des Bankwesens in den wichtigsten kapitalistischen Staaten vertieft wurde, wirkte sich als Überproduktionskrise auf die Entwicklung der gesamten deutschen Wirtschaft katastrophal aus. Die Zahl der Arbeitslosen in der Welt hatte bereits

1929 die 30-Millionen-Grenze überschritten. Waren 1928 knapp 10 %, 1929 knapp 15 % der deutschen Arbeiter ohne Arbeit, so wuchs diese Zahl 1930 sprunghaft auf etwa 23 %, 1931 auf 35 % und erreichte zu Jahresbeginn 1932 mit etwa 45 % ihren höchsten Wert. Nur noch wenige Menschen konnten sich teure Schiffsreisen leisten. Auch der Austausch von Gütern wurde immer rückläufiger. Viele Schiffe mußten aufgelegt werden. Allein in Deutschland lag zu Beginn des Jahres 1931 ein Schiffsraum von etwa 646000 BRT auf. Hatte die Hamburg-Süd 1929 mit 57859 Passagieren in der Südamerika-Linienfahrt ihren Höchststand in der Reedereigeschichte erreichen können, sank die Zahl der Passagiere im gleichen Fahrtgebiet im Jahre 1931 auf 28791 ab. Ähnlich zeigte sich die Wirtschaftslage bei den Kreuzfahrten. Die Hamburg-Süd bot im Jahre 1929 14 Kreuzfahrten an, etwa 15000 Fahrgäste buchten. Im Vergleich dazu waren es 1931 nur noch 9077 Passagiere, die an einer von 10 angebotenen Kreuzfahrten teilnahmen. Opfer der Wirtschaftskrise wurden Tausende von Seeleuten und Werftarbeitern, die keine Arbeit mehr fanden. Schiffe mußten aufgelegt werden, einige kamen nie mehr in Fahrt, wie beispielsweise die CAP POLONIO. Sie lag seit 1931 im Hamburger Hafen auf, wurde 1935 zum Abbruch verkauft und beim »Technischen Betrieb« des Norddeutschen Lloyd abgewrackt. Viele kleine und mittlere Schiffahrtsgesellschaften gingen bankrott. Die Großkonzerne schlossen sich zusammen, wie beispielsweise im März 1930 die beiden führenden Schiffahrtsgesellschaften Deutschlands zur Hapag-Lloyd-Union.

Auch 1932 hatte sich die Lage nicht gebessert. Es wurde daher notwendig, die Frachtraten und Passagierpreise weiter zu senken. Die Zahl der aufgelegten Schiffe in deutschen Häfen hatte sich im April auf 460 mit zusammen 1357000 BRT erhöht, was etwa 34,8 % der Gesamttonnage ausmachte. Außerdem trennten sich verschiedene Reedereien von einigen Schiffen und verkauften sie zum Abbruch. Davon waren die Einheiten der sogenannten Feldherren-Klasse des Norddeutschen Lloyd ebenso betroffen wie das erste, nach dem Krieg vom Stapel gelassene Passagier- und Frachtschiff WESER. Die Schwesterschiffe CORDILLERA und CARIBIA waren 1932/1933 mit Hilfe von Staatszuschüssen gebaut worden, um die Werften mit Aufträgen zu versehen. Sie blieben 1933 die einzigen neugebauten Überseeschiffe, die von der gesamten deutschen Werftindustrie abgeliefert wurden. Beide Schiffe beschäftigte die Hamburg-Amerika Linie nach ihrer Indienststellung in der Fahrt Hamburg–Westindien–Mittelamerika.

Mit dem Ausbruch der Weltwirtschaftskrise verschärften sich die politischen und sozialen Gegensätze in Deutschland. Die Krise gab den aggressivsten Kreisen des deutschen Finanzkapitals die Chance, jene demokratischen Rechte und Freiheiten zu beseitigen, die die Arbeiterklasse erkämpft hatte. Dabei nutzten diese Kreise vor allem die Tatsache aus, daß sich in der Krise auch die Lage des städtischen Kleinbürgertums und der Bauernschaft erheblich verschlechtert hatte. Diese Mittelschichten konnten von den reaktionären Gegnern der Republik ausgenutzt werden, sobald diese unter den Verhältnissen der Krise die dafür geeigneten skrupellosen Demagogen fanden. So war es gerade die NSDAP, mit deren Hilfe das bürgerlich-parlamentarische System der Weimarer Republik auf pseudolegalem Wege beseitigt wurde. Am 30. Januar 1933 wurde Adolf Hitler zum Reichskanzler ernannt. Mit der unmittelbaren Machtübertragung an den Faschismus war auf Betreiben einflußreicher Teile des deutschen Finanzkapitals jene politische Partei an die Macht gelangt, deren Programm den Interessen reaktionärster, chauvinistischer und imperialistischer Gruppen des Monopolkapitals, des Großgrundbesitzes und der Militärs am meisten entsprach. Auch ein Teil der deutschen Reeder und Werfteigner, u. a. Emil Helfferich von der HAPAG, Kurt Woermann oder Fritz Beindorf hatten maßgeblichen Anteil an der Errichtung der faschistischen Diktatur in Deutschland. Der herrschenden Klasse in Deutschland war es nun gelungen, Ergebnisse und Erfolge der Novemberrevolution gänzlich zu beseitigen und den offenen Terror zur wesentlichen Methode ihrer Herrschaft zu machen, um in einem zweiten Versuch eine Neuaufteilung der Welt erzwingen zu können.

Die faschistischen Machthaber hatten zur Durchsetzung ihrer Ziele am Aufschwung der deutschen Wirtschaft und damit verbunden auch an einem Ausbau der Schiffahrt besonderes Interesse. Das faschistische Deutsche Reich wurde zum Hauptaktionär der deutschen Schiffahrtsunternehmen, indem es die vorhandenen Schulden übernahm. Innerhalb kurzer Zeit war es außerdem zur Neuorganisation der Einsatzgebiete aller deutschen Großreedereien und zu einer Entflechtung der Schiffahrtsunternehmen gekommen. Das Reichsfinanzministerium setzte es durch, daß die deutschen Schiffahrtsgesellschaften ihre Interessengebiete untereinander aufteilten. Im Jahre 1934 wurde die Südamerikafahrt mit folgendem Ergebnis reorganisiert: Die Hamburg-Amerika Linie und der Norddeutsche Lloyd, Bremen, gaben die von ihnen betriebene Fahrt zur Ostküste Südamerikas zu Gunsten der Hamburg-Süd auf. Die in dieser Fahrt beschäftigten Schiffe von Hapag und Lloyd übernahm die Hamburg-Süd.

Durch die »Gleichschaltung« des Staatsapparates und die Zerschlagung der Parteien und Gewerkschaften auf der Grundlage des Ermächtigungsgesetzes kam es zur Konsolidierung der faschistischen Diktatur. Am 21. April 1933 erließ der ehemalige Stabsleiter der NSDAP, Dr. Robert Ley, den Befehl zur Liquidierung der Gewerkschaften. An die Stelle der Gewerkschaften, die am 2. Mai 1933 zerschlagen wurden, trat am 10. Mai 1933 die nach dem Führerprinzip aufgebaute Deutsche Arbeitsfront (DAF), die unter der Führung von Robert Ley eines der Hauptinstrumente der NSDAP bei der sozialdemagogischen Propagierung der sogenannten Volksgemeinschaft war. Am 20. Januar 1934 wurde das »Gesetz zur Ordnung der nationalen Arbeit« erlassen. Es machte das Wesen der »Volksgemeinschaft« noch deutlicher. Der Unternehmer wurde zum uneingeschränkten Betriebsführer, die bei ihm beschäftigten Arbeiter und Angestellten zur botsmäßigen Gefolgschaft degradiert. An die Stelle der Betriebsräte trat ein Vertrauensrat, dessen Leitung beim Unternehmer lag. Das Gesetz löste alle wirtschaftlichen Interessenverbände auf, auch den Verband Deutscher Reeder. Im Zusammenhang mit der »Gleichschaltung« wurde am 19. Februar 1934 der Tankreeder John T. Essberger aus Hamburg zum »Führer der deutschen Seeschiffahrt« ernannt. In einer Verordnung Hitlers »über die Deutsche Arbeitsfront« vom 24. Oktober 1934 war gemäß § 8 die DAF Trägerin der NS-Gemeinschaft »Kraft durch Freude« (KdF). Zu den Aufgaben dieser Ende November 1933 im Rahmen der DFA gebildeten NS-Organisation gehörte die Organisierung gemeinschaftlicher Urlaubsreisen, die auch die Erholung auf See einschloß. Im April 1934 wurden die ersten KdF-Reisen annonciert. Im August 1934 waren u. a. 7tägige Reisen nach Norwegen, Reisen zum Mittelmeer und nach Madeira sowie verschiedene Kreuzfahrten in der Nord- und Ostsee im Angebot. Um den Eindruck zu erwecken, daß die faschistische Volksgemeinschaft die Klassen überwunden habe, wurde die bisher nur einem begüterten Kreis mögliche Seetouristik auch ausgewählten Personen zugänglich gemacht, die vorher dazu nicht in der Lage waren. Die Nazis brauchten für ihre Welteroberungspläne ein eingeschüchtertes und gefügiges Volk. Vor allem mittels des Terrors, jedoch auch durch unwissenschaftliche Thesen der imperialistischen Geopolitik, dem Versprechen auf Arbeit und Wohlstand, angeblicher Überwindung der Klassen, Demagogie und Propaganda bis hin zur sozialen Bestechung und Korruption, antikommunistischen, rassistischen und antisemitischen Irrlehren sowie der Einschüchterung, gelang es der faschistischen Diktatur, aus den verschiedensten sozialen Schichten des deutschen Volkes gefügige Werkzeuge für die Ziele des deutschen Imperialismus zu mobilisieren und einzusetzen.

Für die ersten KdF-Reisen wurden von den deutschen Passagierschiffs-Reedereien vorrangig ältere Passagierschiffe gechartert. Den Anfang machten im Mai 1934 die Monte Olivia der Hamburg-Süd und die Dresden ex Ormuz ex Zeppelin vom Norddeutschen Lloyd. Für die 7. Urlaubsfahrt »Kraft durch Freude« war ebenfalls die Dresden im Einsatz. Das Lloyd-Schiff machte mit 993 Fahrtteilnehmern an Bord am 11. Juni 1934 um 12.00 Uhr die Leinen zu einer Rundfahrt mit der Gesamtdistanz von 963 Seemeilen (1783 km) los.

Die SIERRA CORDOBA in Fahrt. Foto: Sammlung Rothe

Am 15. Juni um 12.00 Uhr endete diese Reise in Bremerhaven. Die letzte Kreuzfahrt der DRESDEN führte nach Norwegen. Am 20. Juni 1934 um 19.18 Uhr hatte sie in einem Abstand von ca. 400 Metern vom Seezeichen von Aresgrunnen eine starke Grundberührung. Nach dem Auflaufen nahm das Schiff sofort starke Schlagseite. Die Passagiere konnten geborgen werden, die DRESDEN kenterte jedoch am nächsten Tag. Erstes eigenes Schiff der KdF-Organisation war die SIERRA CORDOBA vom Norddeutschen Lloyd; ihr folgte die SIERRA MORENA der gleichen Reederei.

Anfang der 30er Jahre wurden auch die traditionellen Linien weiter ausgebaut. Im September 1934 gab beispielsweise der Norddeutsche Lloyd die Aufnahme eines neuen Südsee-Dienstes ab Hongkong bekannt. Für diesen Einsatz zog die Reederei ihre beiden 1931 von der 1896 durch H. Schuld gegründeten Flensburger Dampfer-Compagnie übernommenen Schiffe RIO BRAVO und RIO PANUCO aus ihren vorherigen Einsatzgebieten ab. Mit dem Doppelschrauben-Motorschiff RIO BRAVO bot der Norddeutsche Lloyd u. a. Rundreisen ohne Schiffswechsel von Bremen oder Antwerpen über Madeira und die Kanarischen Inseln nach Hamburg an. Für eine solche 22-Tage-Reise waren 1932 460 bis 800 RM zu zahlen, bei Benutzung einer Luxuskabine, bestehend aus Wohnzimmer, Schlafzimmer und Bad, ein Preis von 1100 RM. Zu dem geplanten Dienst ab Hongkong kam es jedoch nicht; beide Schiffe verkaufte der Norddeutsche Lloyd nach Australien. Am 31. Dezember 1934 lagen noch 8,4 % der Gesamttonnage, 62 Schiffe mit zusammen 311 895 BRT, in Deutschland auf.

Zu Beginn des Jahres 1935 schlossen die Hamburg-Amerika Linie und der Norddeutsche Lloyd einen Betriebsgemeinschaftsvertrag ab. Die Hapag-Lloyd-Union wurde aufgelöst. Beide Gesellschaften erhielten wieder getrennte Vor-

1. HAPAG-NORDKAPFAHRT 1933

Datum	Tageszeit	Anlaufplätze	Ungefährer Aufenthalt in Stunden
1. Juli	16 Uhr	ab Hamburg	
3. Juli	nachmittags	an NORHEIMSUND (Fahrt durch den Hardangerfjord)	4
3. Juli	nachmittags	ab Norheimsund (Fahrt durch den Hardanger-, Sogne- und Naeröfjord)	
4. Juli	vormittags	an GUDVANGEN (Stalheim)	5
4. Juli	nachmittags	ab Gudvangen (Fahrt durch den Naerö- und Sognefjord in den Molde- und Romsdalsfjord)	
5. Juli	nachmittags	an AANDALSNAES (Romsdal, Bjorli)	5
5. Juli	abends	ab Aandalsnaes (Fahrt durch den Romsdals- und Moldefjord)	
7. Juli	vormittags	an SVARTISEN (Seegletscher)	4
7. Juli	vormittags	ab Svartisen (Fahrt entlang der Lofoten und Vesteraalen sowie in den Lyngenfjord)	
8. Juli	nachmittags	an LYNGSEIDET (Lappenlager)	4
8. Juli	abends	ab Lyngseidet (Fahrt durch den Lyngenfjord)	
9. Juli	vormittags	an HAMMERFEST	6
9. Juli	nachmittags	ab Hammerfest	
9. Juli	abends	an NORDKAP	6
10. Juli	morgens	ab Nordkap (Fahrt entlang der Vesteraalen und Lofoten)	
11. Juli	morgens	an DIGERMULEN (Lofoten)	7
11. Juli	nachmittags	ab Digermulen (Fahrt durch den Vest- in den Stor-, Slyngs- und Geirangerfjord)	
13. Juli	mittags	an MEROK (Wasserfall „Die sieben Schwestern", Djupvand)	6
13. Juli	nachmittags	ab Merok (Fahrt durch den Geiranger-, Slyngs-, Stor- und Nordfjord)	
14. Juli	vormittags	an LOEN (Loensee, Kjendalsgletscher)	9
14. Juli	nachmittags	ab Loen (Fahrt durch den Nordfjord und die Schären)	
15. Juli	vormittags	an BERGEN (Fantoft, Flöien)	10
15. Juli	abends	ab Bergen	
17. Juli	nachmittags	an HAMBURG	

Hapag-Nordkapfahrt der OCEANA. Foto: Sammlung Rothe

Schiff der Monte-Klasse in Hamburg. Foto: Sammlung Rothe

stände. Die von der Hamburg-Amerika Linie bestellte, noch im Bau befindliche POTSDAM ging in den Besitz des Bremer Unternehmens über, da der geplante und im Aufbau befindliche neue Ostasien-Passagierdienst dem Norddeutschen Lloyd zugesprochen wurde. 1935 kam es zur Indienststellung des dritten KdF-Schiffs, der OCEANA, die von der Hamburg-Amerika Linie bereedert wurde. Unter der Hapag-Flagge war die OCEANA ausschließlich für Vergnügungsreisen im Mittelmeer und zu Nordland-Reisen im Einsatz. Am 11. März 1935 liefen die OCEANA, ST. LOUIS, SIERRA CORDOBA und DER DEUTSCHE in Hamburg zur ersten Madeira-Fahrt aus. Die MONTE SARMIENTO und die MONTE OLIVIA wurden im gleichen Jahr in den KdF-Dienst eingestellt und liefen bis zum Herbst 1935 auf verschiedenen Reisen Norwegen an.

Im Februar 1935 übernahm die Reederei Arnold Bernstein von der Liverpooler Reederei F. Leyland & Co. Ltd. die Red Star Line, Antwerpen. Das belgische Unternehmen hatte seit Ende der 20er Jahre zwischen Antwerpen und New York mit den beiden Schiffen PENNLAND und WESTERNLAND einen wenig erfolgreichen Passagierdienst betrieben. Unter der Hamburger Reedereiflagge fuhren beide Schiffe bereits nach kurzer Zeit gewinnbringend in diesem Liniendienst.

Für seinen Ostasien-Dienst stellte der Norddeutsche Lloyd im Mai 1933 mit dem Turbo-Elektroschiff SCHARNHORST seinen ersten Schnelldampfer in Dienst. Die bereits genannte POTSDAM lief als zweites Schiff für den neuen Lloyd-Schnelldienst am 5. Juli 1935 zur Jungfernreise nach Ostasien aus. Die Maschinenanlagen dieser beiden Schiffe wiesen eine besonders beachtenswerte Neuerung auf. Die Antriebsanlage bestand aus 2 Turbo-Generatoren und 2 Elektro-Fahrmotoren. Die POTSDAM war in der Welthandelsflotte das erste Schiff, bei dem man einen turboelektrischen Antrieb mit einer Benson-Höchstdruckkesselanlage kombiniert hatte. Für eine Rundreise von Deutschland nach Ostasien mit Anlaufen von 27 Häfen

Entwicklung der deutschen Handelsflotte in den Jahren 1919 bis 1939

Jahr	Dampf- und Motorschiffe unter deutscher Flagge	in BRT	Dampf- und Motorschiffe der Welthandelsflotte	in BRT
1914	2090	5134720	24444	45403877
1919	1534	3247253	24386	47897401
1920	901	419438	26513	53904688
1921	1090	654407	28433	58846325
1922	1533	1785767	29255	61342952
1923	1745	2509768	29246	62335373
1924	1906	2872220	29024	61514140
1925	1947	3006270	29205	62380376
1926	1928	3062095	29092	62671937
1927	1951	3320492	28967	63267302
1928	2053	3738067	29387	65159413
1929	2105	4057657	29612	66407393
1930	2138	4199096	29996	68023804
1931	2151	4226050	29952	68722801
1932	2135	4142920	29932	68368141
1933	2071	3887987	29515	66627524
1934	2032	3680353	28964	64357792
1935	2070	3693298	29071	63727317
1936	2085	3708202	29197	64004884
1937	2185	3927916	29524	65271440
1938	2321	4231657	29409	66870151
1939	2459	4482662	29763	68509432

brauchte sie nur 66 Tage; in 19 Tagen lief sie von Bremerhaven nach Singapore. Der dritte Neubau für den Lloyd-Schnelldienst nach Ostasien war die GNEISENAU. Die 3 Schiffe des Norddeutschen Lloyd gehörten zu den schnellsten und modernsten der Welthandelsflotte im Ostasiendienst.

Bei Blohm & Voss in Hamburg wurde am 4. August 1936 der Kiel für das erste, speziell von der KdF-Organisation in Auftrag gegebene Schiff, die WILHELM GUSTLOFF, gestreckt. Im gleichen Jahr und ebenfalls bei Blohm & Voss liefen die beiden Turbinenschiffe PRETORIA und WINDHUK für den Afrika-Dienst vom Stapel. Die zentralisierten Serviceeinrichtungen und die Empfangshalle an Bord beider Schiffe waren für einen Teil späterer Neubauten der Welthandelsflotte beispielgebend. Der Umbau des ehemaligen Passagier- und Frachtdampfers WÜRTTEMBERG der Hamburg-Amerika Linie im Jahre 1936 zum ersten deutschen Walfangmutterschiff bedeutete einen Höhepunkt in der Werftgeschichte von Blohm & Voss und in der deutschen Schiffbaugeschichte, denn erstmals wurde ein Überseeschiff um insgesamt 4 Meter verbreitert. Der Norddeutsche Lloyd stellte in diesem Jahr die beiden Motorfrachter MÜNCHEN (5619 BRT) und NÜRNBERG (5635 BRT) in Dienst. Beide Schiffe verfügten über Einrichtungen für 28 Fahrgäste und wurden nach Peru und Chile beschäftigt. Die beiden größten deutschen Passagierschiffe, die für den Afrika-Dienst gebaut wurden, waren die PRETORIA und die WINDHUK, die 1936 bzw. 1937 an die Reederei abgeliefert werden konnten. Sie verkehrten beide nach ihrer Indienststellung im Liniendienst von Hamburg aus über Southampton–Lissabon–Casablanca–Las Palmas–Walfischbucht (Walvisbaai) und Kaapstadt (Cape

Town) nach Port Elisabeth – Durban und Lourenco Marques (Maputo). Anfang 1938 kaufte die DAF vom Norddeutschen Lloyd den Passagierdampfer STUTTGART und brachte ihn mit weißem Rumpfanstrich als KdF-Schiff zum Einsatz. Der Stapellauf des KdF-Schiffes WILHELM GUSTLOFF am 5. Mai 1937 in Hamburg wurde politisch-propagandistisch besonders hervorgehoben. Das seinerzeit fünftgrößte Schiff der deutschen Handelsflotte lief am 24. März 1938 von der Hamburger Überseebrücke zur ersten Seereise aus. Das Besondere des mit einem elfenbeinfarbigen Anstrich versehenen Schiffes war, daß alle Passagiere und die gesamte Besatzung in Außenkabinen untergebracht waren. Die ROBERT LEY, das zweite, etwas größere Schiff für die KdF-Organisation, lief am 29. März 1938 vom Stapel. Am 22. März 1938 befanden sich die KdF-Schiffe SIERRA CORDOBA, OCEANA und DER DEUTSCHE in Tripolis. Während des Winters waren sie im Mittelmeer stationiert und hatten von Genua aus 11 Italienfahrten unternommen. Am 5. April 1938 kehrten sie nach Deutschland zurück.

Die Hamburg-Amerika Linie ließ bei Blohm & Voss die beiden Kombischiffe OSORNO (6951 BRT) und HUASCARAN (6951 BRT) bauen. Sie waren für den Dienst zur Westküste Südamerikas vorgesehen. Die OSORNO wurde am 21. Dezember 1938 und die HUASCARAN am 26. April 1939 abgeliefert. Beide Schiffe konnten auf ihren Reisen etwa 30 Passagiere in der I. Klasse befördern. Als schiffbautechnische Besonderheit ist der Antrieb mit Drehstromübertragung erwähnenswert. Die HUASCARAN überstand den zweiten Weltkrieg, wechselte mehrmals den Besitzer und wurde oft umgebaut. Noch Mitte der 70er Jahre war sie als griechisches Passagierschiff ROMANZA in Fahrt.

Neben den bereits erwähnten Lloyd-Schnelldampfern SCHARNHORST und POTSDAM zählte vor dem zweiten Weltkrieg die PATRIA der Hamburg-Amerika Linie zum modernsten Schiff der deutschen Handelsflotte. Die PATRIA trat am 27. August 1938 ihre Jungfernreise zur südamerikanischen Westküste an. Sie war das erste deutsche Passagierschiff mit eingebauter Klimaanlage. Die beiden Lloyd-Schnelldampfer BREMEN und EUROPA erhielten diese Neuerung erst im Jahre 1939. Ebenfalls im August 1938 wurde die BREMEN erstmalig für eine Kreuzfahrt rund um Südamerika eingesetzt. Seit ihrer Indienststellung hatte sie damit den Nordatlantik-Liniendienst zum ersten Mal verlassen.

Für viele »Gefolgschaftsmitglieder« des NS-Regimes bedeutete ein Urlaub, beispielsweise auf der Atlantikinsel Madeira oder auf einem KdF-Kreuzfahrtschiff, ein in Erfüllung gehender Traum. Die wirkliche Absicht, die sich hinter der NS-Organisation »Kraft durch Freude« verbarg, sollte sich nur wenige Jahre später herausstellen. Verschiedene KdF-Schiffe, aber auch andere Passagier- und Frachtschiffsneubauten jener Zeit, waren bereits für den Kriegseinsatz vorbereitet. Sie sollten als Wohn- oder Lazarettschiffe bzw. als Truppentransporter zum Einsatz kommen. Bereits 1935 plante das Oberkommando der Kriegsmarine (OKM) die Beschlagnahme von 240 Handelsschiffen und Fischereifahrzeugen für die Umrüstung zu Hilfs- und Hilfskriegsschiffen. Auch waren es nicht mehr die großen Passagierschiffe und Frachter, die das Bild in den deutschen Werften prägten, sondern alle möglichen Typen von Kriegsschiffen. Die faschistische deutsche Kriegsmarine lastete 1936 immerhin 89 % der deutschen Werftkapazität aus. Dieses Flottenbauprogramm bedeutete für die Schiffbaubetriebe und Zulieferer ein profitables Geschäft.

Mit dem Erlaß der »Nürnberger Gesetze« am 15. September 1935 wurde die deutsche Bevölkerung in »Staatsangehörige« und »Reichsbürger« eingeteilt. Wer nicht »Reichsbürger« war, wurde fortan immer größeren Einschränkungen und Diffamierungen unterworfen bis hin zur völligen physischen Vernichtung. Die NS-Regierung erzwang im Oktober 1935 die Umbenennung der ALBERT BALLIN in HANSA, da Albert Ballin Jude war.

Den bislang so erfolgreichen Hamburger Reeder Arnold M. Bernstein verhaftete man aufgrund seiner jüdischen Abstammung zusammen mit einigen seiner Mitarbeiter wegen angeblicher Devisenvergehen und verurteilte ihn am 7. Januar 1938 zu $2^1/_2$ Jahren Zuchthaus. 1939, nach dem Erlaß einer speziell auf die Red Star Line abgestimmten Ausmusterungsklausel, wurde der weitere Betrieb

Das KdF-Schiff WILHELM GUSTLOFF. Foto: Sammlung Rothe

dieses Unternehmens unmöglich. Die Passagierschiffe PENNLAND und WESTERNLAND kaufte die Holland-Amerika Linie. Die Frachtschiffe dagegen gingen in den Besitz deutscher Unternehmen über. Amerikanischen Freunden gelang es wenige Tage vor dem Beginn des zweiten Weltkrieges, für 30000 Dollar den Reeder aus der Haft freizukaufen. Arnold Bernstein gründete 1940 in New York die Arnold Bernstein Shipping Co. Inc. (Silver Star Line).

Die mit dem Erlaß der »Nürnberger Gesetze« angekündigte Politik allseitiger Kriegsvorbereitungen fand bald ihren unmittelbaren Ausdruck. Anfang Februar 1936 verhandelten in Berlin spanische Faschisten mit Deutschland über Möglichkeiten zur Unterstützung gegen die Volksfront in Spanien. Am 23. Juli 1936 erhielten starke deutsche Flottenkräfte Befehl zum Auslaufen in spanische Gewässer. Am 31. Juli des gleichen Jahres verließ die USARAMO der Deutschen Ostafrika-Linie heimlich ihren Heimathafen mit Kurs Spanien. An Bord befanden sich die ersten Einheiten der Legion Condor. Sie landeten am 6. August 1936 in Cádiz. Am 31. Mai 1937 beschoß das Geschwader der deutschen Kriegsmarine den spanischen Hafen Almeria. Bomber der Legion Condor machten am 26. April 1937 die 5000 Einwohner zählende Stadt Guernica dem Erdboden gleich. Von 1936 bis Mitte 1939 erprobte das faschistische Deutschland seine Waffen am spanischen Volk. Das KdF-Flaggschiff ROBERT LEY hatte zusammen mit den KdF-Schiffen WILHELM GUSTLOFF, DER DEUTSCHE, SIERRA CORDOBA, OCEANA und STUTTGART die Angehörigen der Legion Condor aus Spanien nach Deutschland zurücktransportiert. Der eigentliche Zweck der KdF-

Flotte war augenfällig geworden. Ende des Jahres 1937 begann die letzte Phase der Kriegsvorbereitungen des faschistischen Deutschlands, die von offenen Aggressionen und Annexionen gekennzeichnet war.

In den ersten Stunden des 25. August 1939 erhielten alle auf See befindlichen deutschen Handelsschiffe die verschlüsselte Funknachricht »QWA 7«. An Bord der Schiffe war nach dem Empfang dieser Nachricht ein versiegelter Umschlag zu öffnen, der Sonderanweisungen für den Fall eines Krieges enthielt. Danach hatten die Schiffe ihre planmäßige Route zu verlassen und ihren Kurs 30 bis 100 Seemeilen außerhalb der üblichen Schiffahrtswege zu nehmen. Mit dem zweiten Funkspruch »QWA 8« war an die Kapitäne der Befehl ergangen, ab sofort nur noch verschlüsselt zu funken und die Schiffe zu tarnen. Außerdem sollten sie mit Kurs auf die Heimathäfen die Rückreise antreten, jedoch nicht durch den Kanal. Gemäß der Anweisung »QWA 9«, sie wurde am 27. August 1939 erteilt, waren alle deutschen Schiffe aufgefordert, nach Möglichkeit innerhalb der nächsten 4 Tage einen deutschen Hafen oder aber Ausweichhäfen in Spanien, Italien, Japan, der UdSSR und in den Niederlanden anzulaufen. Die einen Tag später erteilte Weisung »QWA 10« hob hingegen die Frist von 4 Tagen wieder auf.

Vielen deutschen Schiffen gelang es noch vor dem Beginn des zweiten Weltkrieges, der vom deutschen Faschismus mit dem Überfall auf Polen am 1. September 1939 entfesselt wurde, einen sicheren Hafen zu erreichen. Zwei Tage nach dem Überfall auf Polen erklärten Großbritannien und Frankreich Deutschland den Krieg. Von dieser Kriegserklärung erhielten die noch auf See befindlichen Schiffe durch die Meldung »QWA 11« Nachricht. Der erste Kriegsverlust der deutschen Handelsflotte war der Dampfer OLINDA ex HOHENSTEIN (4576 BRT) der Hamburg-Süd, der am 3. September 1939 vom britischen Kreuzer AJAX vor Montevideo versenkt wurde.

Nach amtlichen Angaben belief sich der Bestand an Seeschiffen des Deutschen Reiches unter Einbeziehung der Fischereifahrzeuge am 1. Januar 1939 auf 3781 Einheiten mit zusammen 4346000 BRT bzw. 2490000 NRT. Lloyd's Register of Shipping wies für Juli 1939 die deutsche Handelsflotte mit 4493000 BRT aus. Damit hatte sie einen Anteil von 6,5 % der Welttonnage, die sich auf insgesamt 69440000 BRT belief. Deutschland belegte unter den Handelsflotten der Welt damit den fünften Platz.

Die faschistische deutsche Regierung hatte zielgerichtet und unter militärischen Aspekten die deutsche Handelsflotte subventioniert und gefördert. Der Mobilmachungsplan aus dem Jahre 1938, der 1939 gültig wurde, sah die Übernahme von 276 Schiffen aus der Zivilflotte vor, davon 36 größere Dampfer und Motorschiffe sowie 240 Fischdampfer und andere kleinere Einheiten. Der militärische Einsatz dieser Flotte war umfangreich geplant. Die großen Passagierschiffe waren als Lazarett- und Verwundetentransportschiffe oder als schwimmende Wohnunterkünfte vorgesehen. Aber auch für alle anderen Schiffe, egal welche Vermessung sie hatten, war vom OKM ein militärischer Einsatz vorgesehen. Im Mobilmachungsplan der Kriegsmarineführung erfaßt, sollten sie als Hilfskreuzer, Sperrbrecher, Schul- und Ausbildungsschiff, Werkstattschiff, Munitions- und Provianttransporter, Vorpostenboot, U-Boot-Jagdschiff, Tender usw. Verwendung finden.

Nach dem Beginn des zweiten Weltkrieges befanden sich jedoch noch einige deutsche Schiffe in ausländischen Häfen oder sie versuchten, einen neutralen Hafen zu erreichen bzw. nach Deutschland durchzubrechen. Bekanntgeworden ist in diesem Zusammenhang besonders die Irrfahrt der BREMEN unter dem Kommando von Kommodore Adolf Ahrens. Nachdem der Lloyd-Schnelldampfer am 30. August 1939 ohne Passagiere an Bord New York verlassen und in der Nacht zum 1. September abgedunkelt Sable-Island passiert hatte, kam der Befehl, den sowjetischen Hafen Murmansk anzulaufen. Zu dieser Zeit bestand zwischen Hitlerdeutschland und der UdSSR ein Nichtangriffsvertrag, der am 23. August 1939 in Moskau unterzeichnet wurde.

Im Artikel I dieses Vertrages verpflichteten sich

beide vertragschließenden Seiten, sich jeden Gewaltakts, jeder aggressiven Handlung und jeden Angriffs gegeneinander, und zwar sowohl einzeln als auch gemeinsam mit anderen Mächten, zu enthalten. Durch den Überfall der faschistischen Wehrmacht am 22. Juni 1941 auf die Sowjetunion wurde dieser Vertrag einseitig gebrochen.

Für den Schnelldampfer Bremen und auch für verschiedene andere deutsche Schiffe war der Hafen von Murmansk also ein Hafen eines seerechtlich neutralen Landes. Außerhalb der üblichen Schiffahrtswege, inzwischen grau angestrichen, passierte die Bremen das schwierige Fahrwasser der Dänemarkstraße und umrundete mit ca. 40 Meilen Abstand die Küste von Norwegen. Nach dem Gelingen des Durchbruchs konnte die Besatzung des Schnelldampfers am 6. September 1939 in Murmansk die Leinen übergeben.

Vielen anderen Schiffen glückte das jedoch nicht. Sie wurden auf See aufgebracht und, wie die Cap Norte, unter fremder Flagge erneut in Fahrt gebracht. Nicht wenige Schiffe erreichten dagegen nie wieder einen Hafen, sie gingen durch Minen oder Bomben verloren oder aber die eigene Besatzung versenkte sie, um der Aufbringung zu entgehen. Von den 52 Einheiten der Hamburg-Süd befanden sich im September 1939 beispielsweise nur 21 in Hamburg. Noch nicht stapellauffertig und ohne offizielle Verleihung des vorgesehenen Namens Vaterland II lief am 24. August 1940 bei Blohm & Voss in Hamburg der Prototyp eines geplanten Trios der Hamburg-Amerika Linie vom Stapel. 3 Turbo-Elektroschiffe mit einer vorgesehenen Vermessung von etwa 41 000 BRT und einer Kapazität für ca. 1340 Passagiere sollten die inzwischen veralteten Einheiten der Albert-Ballin-Klasse ablösen. Als Namen für diese Neubauten war die Rede von Vaterland II, Imperator II und Bismarck II. Dieses Vorhaben konnte jedoch nicht mehr verwirklicht werden.

Der Kriegsausbruch verhinderte auch die Ablieferung verschiedener Neubauten für fremde Auftraggeber. Diese Einheiten gingen in den Bestand der deutschen Flotte über, u. a. die für die Türkei bestimmten Schiffe Egemen (6133 BRT), Savas (6130 BRT) und Dogu (6133 BRT). Alle 3 Schiffe wurden im Frühjahr 1941 von der Reederei Deutsche Afrika-Linien übernommen. Umbenannt in Swakopmund, Daressalam und Duala übernahm sie später die deutsche Kriegsmarine.

Außerdem wurden in den von Deutschland überfallenen und okkupierten Ländern viele Schiffe beschlagnahmt und deren Bereederung deutschen Schiffahrtsunternehmen übertragen. Davon betroffen war beispielsweise die Baloeran, ein niederländisches Passagierschiff mit einer Vermessung von 17001 BRT, deren Bereederung Ende 1940 die Hamburg-Amerika Linie übernahm und die am 20. Juli 1941 als Lazarettschiff unter dem Namen Strassburg in Dienst gestellt wurde. Weitere Passagierschiffe, die vom faschistischen Deutschland beschlagnahmt wurden, waren u. a.

die Baudouinvill, Belgien (13761 BRT), ab 20. Oktober 1941 als Lindau von der DAL bereedert;

die Veendam, Niederlande (15450 BRT), ab 10. Mai 1941 unter gleichem Namen von der Hapag bereedert;

die Kergulen ex Meduana, Frankreich (10123 BRT), ab 1941 als Winrich von Kniprode von der Reederei Ferdinand Laeisz, Hamburg, bereedert;

die Oranjefonstein, Niederlande (10455 BRT), ab 1941 unter dem gleichen Namen von der DAL bereedert;

die Elandsfontein, Niederlande (10574 BRT), ab 1941 unter gleichem Namen von der DAL bereedert sowie

die Damsterdyk, Niederlande (10155 BRT), ab 1941 unter gleichem Namen von der Hapag bereedert.

Die beschlagnahmten Passagierschiffe dienten überwiegend der deutschen Kriegsmarine als Wohn- und Lazarettschiffe sowie als Truppentransporter.

Am 22. Juni 1941 überfiel Hitlerdeutschland ohne Kriegserklärung die UdSSR. Mit dem Beginn des Großen Vaterländischen Krieges der Sowjetunion veränderte sich der gesamte Verlauf des zweiten Weltkrieges. Die sowjetisch-deutsche

Front wurde zur Hauptfront des Krieges. Nach anfänglichen Erfolgen der faschistischen Wehrmacht brachte der Sieg der Roten Armee bei Stalingrad im Januar 1943 die entscheidende Wende im zweiten Weltkrieg. Bereits im August 1944 mußte die Bevölkerung Ostpreußens Stellungen und Panzergräben ausheben. Am 10. Oktober 1944 überschritten sowjetische Verbände die ostpreußische Grenze und eroberten 6 Tage später die Stadt Goldap (Gołdap). Der Vormarsch der Roten Armee war nicht mehr aufzuhalten.

Eine sowjetische Großoffensive warf zu Anfang 1945 die Verbände der Wehrmacht von der Weichsel an die Oder zurück. In den folgenden Wochen wurden die deutschen Kräftegruppierungen in Ostpreußen, Hinterpommern sowie in Nieder- und Oberschlesien von sowjetischen Armeen zerschlagen. Aus den ihnen verlorengehenden Gebieten evakuierten die Nazis Millionen von Einwohnern zwangsweise. Auf den Trecks kamen Zehntausende um. Am 23. Januar 1945 begann die zivile Zwangsevakuierung Ostpreußens mit Transporten über See, vor allem von der Danziger Bucht (Zatoka Gdánska) aus. In den Häfen Ostpreußens und auch in den weiter westlich gelegenen Häfen der Ostseeküste staute sich der Strom von Millionen Soldaten und Flüchtlingen. Für die Evakuierung über See reichte der von der deutschen Kriegsmarine bereitgestellte Schiffsraum nicht aus. Der Schiffsraum für die sogenannte »Aktion Rettung« in Richtung Westen war jedoch keinesfalls vorrangig für die Zivilbevölkerung bestimmt. Von den etwa 2 Millionen über See in Richtung Westen transportierten Personen belief sich die Zahl ziviler Flüchtlinge nur auf rund 35 %. Etwa 1,3 Millionen Menschen waren dagegen Angehörige der zurückweichenden faschistischen deutschen Armee und Verwundete. Neben einer Zahl von kleineren Schiffen, Frachtdampfern und Kriegsschiffen, wurden für die Flucht nach Westen auch verschiedene ehemalige Passagierschiffe eingesetzt. Zu den ersten Konvois gehörten u. a. die ROBERT LEY, die UBENA und die PRETORIA. Beteiligt an diesen Transportfahrten waren u. a. auch die Passagierschiffe WILHELM GUSTLOFF, HAMBURG, HANSA,

Die PRETORIA und die GENERAL SAN MARTIN als Lazarettschiffe in Hamburg. Foto: Sammlung E. A. Wilson

Die gekenterte CORDILLERA 1945 in Swinemünde. Foto: Sammlung Strobel

DEUTSCHLAND, CAP ARCONA, POTSDAM und STEUBEN. Die verantwortungslose, von der faschistischen deutschen Führung angeordnete Zwangsevakuierung über die Ostsee, ging nur schleppend voran. Die mit Menschen überladenen Schiffe verfügten nur über einen kleinen Teil der für eine sichere Schiffsführung erforderlichen Besatzung. Außerdem reichten die sanitären und medizinischen Einrichtungen in keiner Weise aus. Auch fehlte es an Verpflegung und warmer Bekleidung. Wegen der unzureichenden Sicherung der Transportschiffe war stündlich damit zu rechnen, durch alliierte Kräfte versenkt zu werden. Außerdem bestand die Gefahr, mit den völlig überladenen Schiffen auf eine der vielen Minen zu laufen. Da nur für wenige der an Bord befindlichen Menschen Rettungsmittel vorhanden waren, endete für die Mehrzahl der Flüchtlinge und Wehrmachtsangehörigen beim Verlust ihres Schiffes die Fahrt mit dem Tod. Das ehemalige KdF-Schiff WILHELM GUSTLOFF sank nach Torpedotreffern am 30. Januar 1945 mit über 6000 Menschen an Bord in der Ostsee. Nur etwa 900 Menschen überlebten die Katastrophe. Viele andere Schiffe, beispielsweise die STEUBEN und die GOYA, hatten ein ähnliches Schicksal. Auch das ehemalige Flaggschiff der Hamburg-Süd, die CAP ARCONA, gehörte zur Transporterflotte, die bei der »Aktion Rettung« im Einsatz war. Aus dem einstigen Luxusliner wurde nur wenige Tage vor Kriegsende ein schwimmendes Gefängnis. Etwa 2 Seemeilen vor der Neustädter Hafeneinfahrt ging das Schiff am 14. April 1945 mit einem Maschinenschaden vor Anker. In den nun folgenden Tagen wurden ca. 5000 Häftlinge aus dem Konzentrationslager Neuengamme bei Hamburg an Bord genommen. Die faschistischen Peiniger hatten geplant, noch kurz vor ihrem unabwendbaren Ende die Zeugen ihrer Greueltaten mit der CAP ARCONA untergehen zu lassen. Am 3. Mai 1945 griffen britische Jagdbomber das Schiff, das etwa 6000 Menschen an Bord hatte, an. Brennend kenterte es. Nur etwa 350 von den 5000 Häftlingen überlebten. Mahnend erinnern heute verschiedene Ehrenfriedhöfe an das sinnlose Sterben der letzten, unfreiwilligen Passagiere der CAP ARCONA.

Nur wenige Tage vor der Kapitulation des faschistischen Deutschlands machte noch einmal die PATRIA auf sich aufmerksam. Am Spätnachmittag des 30. April 1945 erhielt Großadmiral Karl Dönitz durch 2 Telegramme Martin Bormanns die Nachricht, daß er Nachfolger Hitlers geworden war. Durch die Einsetzung einer neuen Reichsregierung unter Dönitz nach dem Selbstmord Hitlers wurde der Versuch unternommen, die Vereinbarungen der Antihitlerkoalition über die bedingungslose Kapitulation Deutschlands zu unterlaufen. Sitz der Dönitz-Regierung wurde in Flensburg die PATRIA.

Das faschistische Deutschland kapitulierte am

8. Mai 1945 bedingungslos vor den Siegermächten der Antihitlerkoalition. In Europa war damit der zweite Weltkrieg beendet. Krieg und Barbarei des deutschen Faschismus kosteten 20 Millionen Bürgern der Sowjetunion das Leben, Polen verlor 6 Millionen, Jugoslawien 1,7 Millionen, Frankreich 600000, die USA 405000 und Großbritannien 375000 Menschen. 6 Millionen Deutsche verloren im zweiten Weltkrieg das Leben. So die entsetzliche Bilanz des zweiten Weltkrieges.

Im Juni 1945 übernahmen die Hauptmächte der Antihitlerkoalition, die UdSSR, die USA, Großbritannien und Frankreich, in Deutschland die Regierungsgewalt. Auf der Potsdamer Konferenz (17. Juli bis 2. August 1945) kam es zur Festlegung einer einheitlichen Deutschlandpolitik. Entsprechend den Bestimmungen des Potsdamer Abkommens, dem Frankreich am 7. August 1945 unter Vorbehalt zustimmte, wurde der Alliierte Kontrollrat geschaffen. Diese aus den Oberbefehlshabern der 4 Besatzungsarmeen bestehende Zentralbehörde sollte die Durchführung einer gemeinsamen Politik in allen Deutschland betreffenden Angelegenheiten garantieren.

Von dem nach dem Krieg verbliebenen Schiffspark (rund 1585000 BRT), eingeschlossen die Fahrzeuge der Walfangflotte und der Hochseefischerei, wurden 34 Schiffe mit zusammen 132600 BRT auf offener See von den Alliierten mit Gasmunition versenkt, 446 Schiffe mit insgesamt 1262617 BRT an 10 Staaten abgeliefert und 18 noch im Bau befindliche Schiffe (113800 BRT) zur späteren Verfügung der Siegermächte gestellt.

Das deutsche Volk wurde am 2. August 1945 verpflichtet, einen Teil des Schadens, der allein in der UdSSR 679 Milliarden Rubel betrug, durch Reparation wiedergutzumachen.

Gemäß den Bestimmungen des Potsdamer Abkommens war für Deutschland ein generelles Verbot für das Betreiben der Schiffahrt ausgesprochen worden. Gestattet wurde nur die Ausübung der unbedingt erforderlichen deutschen Küstenschiffahrt. Die Direktive Nr. 37 des Alliierten Kontrollrates vom 26. September 1946 enthielt konkrete schiffbauliche Beschränkungen. Sie bezogen sich auf eine maximale Größe von 1500 BRT, eine Höchstgeschwindigkeit von 12 Knoten, eine Tragfähigkeit des Ladegeschirrs von maximal 3 Tonnen, einen Aktionsradius bis zu 2000 Seemeilen, und als Antriebsart war die Dampfmaschine mit Kohlenfeuerung vorgeschrieben. Die Bautätigkeit auf deutsche Rechnung war den Schiffswerften nicht erlaubt.

In den einzelnen Besatzungszonen Deutschlands konnten die Schiffahrtsunternehmen erst Mitte 1948 mit dem eigentlichen Wiederaufbau ihrer Firmen beginnen. Es wurde ihnen gestattet, im Krieg gesunkene Handelsschiffe wieder zu heben und in Fahrt zu bringen. Diese durften aber die Größe von 1500 BRT nicht überschreiten. Die Hamburg-Amerika Linie begann 1948 mit dem Seebäderdampfer VORWÄRTS (915 BRT), einem ehemaligen U-Boot-Tender, der ab 1945 als britisches Arrestschiff diente. Hinzu kamen einige gecharterte ehemalige Schiffe der Kriegsmarine. Nach einem notdürftigen Umbau kam 1949 das einstige Räumboot R 67 als HILLIGELEI US 10 im Seebäderdienst in Fahrt. Etwa um die Mitte des Jahres 1947 wurde es deutschen Schiffen erlaubt, auch ausländische Häfen im Nordseeraum anzulaufen. Jede Fahrt, die immer auf deutsche Rechnung durchgeführt werden mußte, war vorher von einer Vermittlungsstelle in London zu genehmigen. Die selbständige Befrachtung deutscher Reedereien im westlichen Teil des besetzten Deutschlands wurde erst Ende 1948 möglich. Ausgenommen waren Belgien, die Niederlande und Finnland. Der Seetransport von Gütern mit Schiffen der eigenen Flotte zwischen ausländischen Häfen (cross trade) war noch bis Mai 1948 untersagt. Nachdem die Alliierten Anfang 1949 schon Einzelreisen nach den Mittelmeerländern erlaubten, hoben sie Mitte 1949 auch die letzten Fahrtbeschränkungen auf. Zur gleichen Zeit war es erstmals wieder deutschen Schiffahrtsbetrieben erlaubt, Aufträge für den Bau neuer Schiffe an die Werften zu erteilen, die eine Vermessung bis zu 2700 BRT haben durften. Dieses traf auch für gesunkene Schiffe zu, die wieder in Fahrt gebracht werden durften.

In Ermangelung einer deutschen Handelsflagge hatten vorerst alle, als sogenannte Potsdam-Schiffe bezeichneten Dampfer, den internationalen Signalstander »C« (blau-weiß-rot-weiß-blau) zu führen. Diese vorgeschriebene Flagge für alle deutschen Schiffe war nicht selten aus Blech gefertigt. Trotz dieser ersten Schritte bei der Indienststellung deutscher Handelsschiffe war an eine Wiederbelebung der Ozean-Passagierschiffahrt im gewohnten Stil nicht zu denken.

Nach der separaten Bildung der Bundesrepublik Deutschland am 7. September 1949 war die Bildung der Deutschen Demokratischen Republik auf dem Gebiet der damaligen sowjetischen Besatzungszone am 7. Oktober 1949 eine zwangsläufige Folge. Durch die Teilung Deutschlands in zwei voneinander unabhängige souveräne Staaten gab es keine Basis mehr für eine deutsche Handelsflotte, wie sie vor dem Krieg bestand. Jeder der beiden deutschen Staaten, die Deutsche Demokratische Republik und die Bundesrepublik Deutschland, baute unabhängig voneinander eine eigene Handelsflotte auf.

An dem zur DDR gehörenden Küstenabschnitt der Ostsee spielte die Schiffahrt, im Gegensatz zu den Gebieten im westlichen Teil Deutschlands, nur eine untergeordnete Rolle. Eine Ausnahme machte lediglich die Hafenstadt Rostock, die traditionsreiche Trampreedereien vorzuweisen hatte. Nach 1945 war hier von Schiffahrt jedoch kaum noch etwas zu spüren. Noch in den letzten Kriegstagen wurden alle im Hafen Rostock und auf den Werften befindlichen Schiffseinheiten durch einen als geheime Kommandosache deklarierten Befehl faschistischer Führer zum Auslaufen in Häfen des westlichen Deutschlands gezwungen. Außerdem flüchtete in diesen Tagen auch aus den anderen Gegenden der späteren DDR der überwiegende Teil der Reeder mit ihren Schiffen in Richtung Westen.

Auf Grund des sich entwickelnden Außenhandels der DDR wurde im Jahre 1950 die Schaffung einer eigenen Handelsflotte erforderlich. Auf dem Gebiet der damaligen sowjetischen Besatzungszone waren nur ein Seeleichter und ein alter Frachtdampfer zurückgeblieben. Es handelte sich bei dem Dampfer um den 1903 bei der Rostocker Schiffswerft und Maschinenfabrik »Neptun« gebauten Frachtdampfer GRETE CORDS (Baunummer: 214 / 967 BRT) der Reederei August Cords, Rostock. Das beschädigte, fast zum Wrack gewordene Schiff, lag nach Kriegsende als J. ARENDS in Wismar. Dieses erste Seeschiff der DDR war auf der Reparaturwerft Stralsund in 5 Monaten neu aufgebaut worden. Am 13. Oktober 1950 in Dienst gestellt, lief der Dampfer VORWÄRTS mit Stückgut erstmals im November 1950 nach Venspils aus. Die Bereederung der VORWÄRTS und des zweiten Fahrzeuges, des Seeleichters FORTSCHRITT, hatte die Deutsche Schiffahrts- und Umschlagzentrale (DSU) mit Sitz in Stralsund übernommen. Alle übrigen zurückgebliebenen Fahrzeuge waren für die Ladungsbeförderung auf See ungeeignet.

In der DDR wurde für den Aufbau der Handelsflotte von Anfang an eine völlig neue Basis geschaffen. Gemäß einer Anordnung des Ministers für Verkehrswesen, im Einvernehmen mit dem Ministerrat der DDR, wurde der volkseigene Betrieb »Deutsche Seereederei« (DSR) mit Sitz Rostock am 1. Juli 1952 gebildet. Dieser volkseigene Betrieb erhielt die Aufgabe, die Handels- und Fahrgastschiffe zu bereedern und die materiell sowie personell planmäßige Erweiterung der Handelsflotte durchzusetzen. Auf dem Gebiet der DDR hatte als Seeschiffswerft nur die seit 1850 bestehende Neptunwerft in Rostock Bedeutung. Eine frühere Lagerhalle und Teile einer Waggonfabrik dienten als erste Werkstätten für etwa 250 Beschäftigte des im Jahre 1946 im Bereich des Hafenbeckens in Wismar eingerichteten Schiffsreparaturbetriebes. Unter ähnlich komplizierten Bedingungen lief etwa zur gleichen Zeit in Warnemünde der Schiffsreparaturbetrieb an. Diese neu entstandenen Werftbetriebe in Wismar und Warnemünde begannen im Zuge der Wiedergutmachung mit der Reparatur von Schiffen, die durch Kriegseinwirkung beschädigt waren oder mit der Instandsetzung von wieder gehobenen Einheiten, die anschließend an die Sowjetunion geliefert wurden. Solche bekannten Passagierschiffe, wie HANSA, HAMBURG, BERLIN, CORDIL-

Das Wrack der HANSA ex ALBERT BALLIN nach der Bergung. Foto: Sammlung Ströbel

LERA, DER DEUTSCHE, IBERIA oder das ehemalige deutsche Segelschulschiff GORCH FOCK wurden auf DDR-Werften fahrbereit gemacht, um noch viele Jahre unter sowjetischer Flagge in Fahrt zu sein.

Die Dampfer ROSTOCK und WISMAR sowie das Motorschiff STRALSUND waren die ersten Neubauten der DDR-Werftindustrie, die 1954 an den VEB Deutsche Seereederei Rostock geliefert wurden. Am 23. Juni 1957 konnte der erste 10000 tdw Hochseefrachter vom Typ IV, das MS FRIEDEN, vom VEB Warnowwerft, Warnemünde, an den VEB Deutsche Seereederei Rostock übergeben werden. Im Jahre 1958 beschloß der Ministerrat der DDR den Ankauf von Gebrauchttonnage (secoud hand tonnage). Preisgünstig kaufte die DDR eine größere Anzahl leistungsfähiger älterer Schiffe aus dem westlichen Ausland, darunter auch die beiden belgischen, für 136 Passagiere eingerichteten, vollgenieteten Schutzdecker MAR DEL PLATA und COPACABANA. Die verhältnismäßig große Fahrgastkapazität dieser beiden Fracht- und Passagierschiffe veranlaßte die DDR-Reederei, sie für Ausbildungszwecke einzusetzen. Umbenannt in HEINRICH HEINE und THEODOR KÖRNER wurden sie als die ersten Lehr- und Frachtschiffe der DDR in Dienst gestellt, auf denen nach einer zweijährigen Ausbildungsdauer jährlich 95 bis 100 Matrosen ausgebildet wurden.

Die DDR verfügte Ende der 50er Jahre außer über die beiden ehemaligen Kombischiffe aus Belgien über kein Ozean-Passagierschiff. Um den Bewohnern der DDR die Möglichkeit zu geben, sich bei Urlaubsreisen auf See zu erholen, wurde im Gesetz über den Siebenjahrplan der Beschluß zum Bau und zur Indienststellung von Seefahrgastschiffen gefaßt. Durch die Initiativen der DDR-Bevölkerung konnte aus Mitteln der sogenannten Steckenpferd-Bewegung das im Jahre 1959 zum Verkauf angebotene schwedische Passagierschiff STOCKHOLM gekauft werden. Am 3. Januar 1960 als VÖLKERFREUNDSCHAFT in Dienst gestellt, lief das dem Freien Deutschen Gewerkschaftsbund (FDGB) der DDR gehörende, vom VEB Deutsche Seereederei Rostock bereederte Hochsee-Passagierschiff zur ersten Reise aus. Die Jungfernreise führte die VÖLKERFREUNDSCHAFT von Warnemünde über die Zwischenhäfen Rhodos und Piräus nach Constanta an der rumänischen Schwarzmeerküste. Im Jahr ihrer Indienststellung machte das FDGB-Urlauberschiff insgesamt 13 Reisen, an denen rund 8200 Fahrgäste teilnahmen. Am 25. Juni 1960 lief der erste Passagier-

Reparationsschiffe für die UdSSR in der Warnowwerft in Warnemünde. Foto: Schäfer

Die ehemalige HAMBURG als Walfangmutterschiff JURI DOLGORUKII. Foto: Schäfer

schiffsneubau für die DDR, die Fritz Heckert, in der VEB Mathias-Thesen-Werft Wismar vom Stapel. Die Maschinenanlage dieses Passagierschiffes war im DDR-Schiffbau eine Neuheit. Erstmals kam hier eine Dieselmotoren-Gasturbinen-Antriebsanlage als Neuheit zum Einsatz. Sie fand international jedoch keine Verbreitung. Die für Kreuzfahrten vorgesehene Fritz Heckert lief am 1. Mai 1961 zur Jungfernreise aus. Diese beiden Passagierschiffe wurden ausschließlich für Erholungsreisen eingesetzt.

Die DDR-Handelsflotte hatte 1962 ihr drittes Lehr- und Frachtschiff, die J. G. Fichte (11045 BRT), in Dienst gestellt und in der Relation Kuba–Mexiko (Cubalco) eingesetzt. Bei diesem Schiff handelte es sich um die ehemalige Claude Bernard, ein Passagier- und Frachtschiff der Lavoisier-Klasse aus Frankreich. Im Juli 1967 übernahm der VEB Deutsche Seereederei Rostock ein weiteres Schiff für den Einsatz als Lehr- und Frachtschiff. Es war die Charlesville, ein Schiff der Albertville-Klasse der Maritime Belge (Lloyd Royal) S. A., Antwerpen, das in Georg Büchner umgenannt wurde. Die beiden kleineren und älteren Ausbildungsschiffe Theodor Körner und Heinrich Heine wurden 1968 verkauft.

Die Fritz Heckert hatte seit April 1972 einen festen Liegeplatz als schwimmendes Arbeiterwohnheim im Seehafen Stralsund. Das Lehr- und Frachtschiff Georg Büchner wurde nach Rostock-Schmarl verholt und dient seitdem an diesem Liegeplatz als stationäres Ausbildungsschiff. Die J. G. Fichte kam 1979 zum Verkauf. Die Völkerfreundschaft war seit 1972 als einziges Hochsee-Passagierschiff unter DDR-Flagge im Einsatz.

Die Fritz Heckert passiert die Rügendammbrücke in Stralsund. Foto: Herbst

In Warnemünde endete am 24. Januar 1985 die letzte Reise des DDR-Passagierschiffes Völkerfreundschaft. Das FDGB-Urlauberschiff wurde aufgrund seines Alters von 37 Jahren außer Dienst gestellt. In seiner Dienstzeit unter DDR-Flagge legte dieses Passagierschiff 1 623 336 Seemeilen zurück und beförderte dabei 215 593 Passagiere. Bis zum Verkauf des Schiffes im Juni 1985 lag es in Warnemünde, gelegentlich auch auf Reede vor Warnemünde, auf. Am 27. Juni 1985 wurden zum letzten Mal die Leinen der Völkerfreundschaft losgemacht.

Der DDR Außenhandelsbetrieb Schiffscommerz Rostock kaufte am 29. August 1985 die Astor von der Deutschen West-Afrika-Linie, Kiel, und stellte sie als Arkona in den Dienst der DDR-Handelsflotte. Am 6. Oktober 1985 machte das neue DDR-Passagierschiff am Passagierkai in Warnemünde fest und trat am 15. Oktober 1985 als jüngstes Schiff des VEB Deutfracht/Seereederei Rostock seine Jungfernreise unter DDR-Flagge von Warnemünde nach Leningrad an.

Ankunft der Arkona am 6. Oktober 1985 in Warnemünde. Foto: Herbst

Stapellauf der COLUMBUS. Foto: Sammlung Rothe

ILSENSTEIN Arnold Bernstein, Hamburg
Bauwerft: Workman Clark & Co. Ltd., Belfast / Baunummer: 205 /6518 BRT / 5108 NRT / 8500 tdw / 136,6 m reg. Länge / 17,2 m Breite / 2 III-Exp. / 5000 PS / 11,0 kn / 2 Schr. / Passagiere: 180 / Besatzung: 60

Als Kombifrachter MATATUA wurde die ILSENSTEIN 1904 für die britische Shaw, Savill & Albino Co. Ltd., Southampton, fertiggestellt und im Liniendienst England–Neuseeland eingesetzt. Die im Jahre 1919 gegründete Hamburger Reederei Arnold Bernstein kaufte 1928 die MATATUA und brachte sie als ILSENSTEIN mit 2 weiteren Schiffen der Shaw-Savill-Linie in Fahrt. Am 30. April 1931 wurde die ILSENSTEIN in Kiel aufgelegt und 3 Jahre später bei den »Deutschen Werken« in Kiel zum Autotransporter mit Passagiereinrichtungen umgebaut. Nach diesem Umbau war sie mit 8216 BRT vermessen und konnte 450 Personenkraftwagen sowie 180 Fahrgäste befördern. Bereits 1926 hatte die Reederei mit den Ford-Werken in den USA einen Vertrag mit dem Ziel abgeschlossen, Personenkraftwagen dieser Firma nach Europa zu befördern. Nach einem kurzen Einsatz 1938 als Schiff der Red-Star-Linie GmbH, Hamburg, dessen Korrespondenz-Reeder Arnold Bernstein ab 1935 war, wurde die ILSENSTEIN am 26. Juni 1939 nach Großbritannien verkauft. Ihr erneuter Einsatz bei der Reederei Union Jack war nur von kurzer Dauer. Am 18. Februar 1940 wurde sie, als Blockadeschiff eingesetzt, bei Scapa Flow versenkt.

Foto: Sammlung C. Rothe

Gerolstein Arnold Bernstein, Hamburg
Bauwerft: Harland & Wolff Ltd., Belfast / Baunummer: 365 / 6854 BRT / 4053 NRT / 8500 tdw / 138,8 m reg. Länge / 17,2 m Breite / 2 IV-Exp. / 4500 PS / 11 kn / 2 Schr. / Passagiere: 180 / Besatzung: 31

Den Frachter Mamari, der im Jahre 1904 für die britische Shaw, Savill & Albino Co. Ltd., Southampton, fertiggestellt und im Neuseeland-Dienst beschäftigt wurde, erwarb 1928 der Hamburger Reeder Arnold Bernstein. Ab Mai 1930 befand sich das in Gerolstein umbenannte Schiff in Kiel. Bei den »Deutschen Werken« in Kiel wurde die Gerolstein zum Autotransporter mit Passagiereinrichtungen umgebaut. Nach diesem aufwendigen Umbau war sie mit 7772 BRT vermessen.

Im Besitz dieser Reederei, deren Name sich 1933 in Arnold Bernstein Schiffahrts GmbH, Hamburg, veränderte, blieb die Gerolstein bis 1939, dem Jahr der Übernahme durch die Reederei Heinrich C. Horn, die ihren Sitz 1933 nach Hamburg verlegt hatte. Als Consul Horn war das Schiff mit reduzierter Passagierkapazität (80) noch für kurze Zeit im Liniendienst nach Westindien beschäftigt. Von den Niederländischen Antillen kommend, gelang der Consul Horn im September 1939 der Blockadedurchbruch nach Hamburg. Am 20. Juli 1942 lief das Schiff in der Nähe der Insel Borkum auf eine Mine und sank.

Foto: A. Duncan

HOLSATIA Hapag, Hamburg
Bauwerft: »De Schelde«, N. V. Koninklijke Maatschappij, Scheepswerften Maschinefabriek, Vlissingen / Baunummer: 130 / 7315 BRT / 4228 NRT / 5920 tdw / 128,1 m reg. Länge /16,6 m Breite / 2 III-Exp. / 5200 PS / 13 kn / 2 Schr. / Passagiere: 104 I., 118 III., 742 ZwD / Besatzung: 190

Für den Koninklijke Hollandsche Lloyd N. V., Amsterdam, wurde am 6. März 1909 das Schiff als FRISIA vom Stapel gelassen. Nach der Indienststellung im Juli 1909 war die FRISIA unter niederländischer Flagge vorwiegend im Südamerika–Dienst des Koninkl. Holl. Lloyd beschäftigt. Am 4. Januar 1922 kaufte die Hapag das Schiff für den zukünftigen Einsatz im Liniendienst Hamburg–Mexiko. Umbenannt in HOLSATIA machte es am 10. Mai 1922 seine Jungfernreise von Hamburg nach Mexiko. Damit nahm die HOLSATIA, zusammen mit ihrem Schwesterschiff HAMMONIA ex HOLLANDIA des Koninkl. Holl. Lloyd, Amsterdam, den Passagier-, Post- und Frachtdienst nach Mexiko wieder auf. Die HOLSATIA war zu dieser Zeit das letzte Hapag-Schiff, das noch über Passagiereinrichtungen für Zwischendecker verfügte. Nach dem Umbau der Passagiereinrichtungen im Jahre 1924 fanden auf dem Schiff 444 Fahrgäste in der III., 114 in der II. und 100 in der I. Klasse Unterkunft. Im März 1928 verkaufte die Hapag die HOLSATIA zum Abbruch nach Hamburg.

Das Schwesterschiff der HOLSATIA, die am 23. Januar 1909 als HOLLANDIA vom Stapel gelassene HAMMONIA (7291 BRT), sank am 9. September 1922 in der Biscaya im Sturm, etwa 25 Meilen westlich von Vigo. Von den 557 Menschen an Bord kamen 15 Passagiere und 4 Mitglieder der Besatzung ums Leben.

Foto: Sammlung J. Meyer

WESTERNLAND Red Star Line G.m.b.H., Hamburg
Bauwerft: Harland & Wolff, Govan /
Baunummer: 454 / 16231 BRT / 9646 NRT /
10500 tdw / 183,1 m Länge / 20,7 m Breite /
2 III-Exp., 1 Abdampfturbine / 12000 PS /
15 kn / 3 Schr. /
Passagiere: 550 Touristenklasse /
Besatzung: 280

Für die Domino Line, Liverpool, lief das Schiff am 19. April 1917 als REGINA vom Stapel. Anfang 1918 wurde es als Transporter fertiggestellt. Im August 1920 bei Harland & Wolff in Belfast zum Passagierschiff umgebaut, machte es seine erste Reise im März 1922 auf der Route Liverpool–Kanada. Die erste Fahrt im Dienste der White Star Line, welche die Domino Line übernommen hatte, führte die REGINA am 12. Dezember 1925 von Liverpool nach New York. Registriert für F. Leyland, Liverpool, kam das Schiff 1929 an die Red Star Line, Antwerpen, die es 1930 in WESTERNLAND umbenannte und zwischen Antwerpen und New York in Fahrt brachte. Im Februar 1935 übernahm der Hamburger Reeder Arnold Bernstein die Red Star Line von der Liverpooler Reederei F. Leyland. Damit kam auch die WESTERNLAND unter deutsche Handelsflagge. Sie wurde in Deutschland erneut umgebaut, blieb aber weiterhin im Antwerpen–New York-Dienst. Auch nach dem Verkauf an die Holland Amerika Lijn, Rotterdam, im Juni 1939, war die WESTERNLAND auf der gleichen Route eingesetzt. Als Sitz der holländischen Exilregierung diente das Schiff ab Mai 1940 in Falmouth (Cornwall). Im Juli 1940 wurde es an die britische Regierung verchartert und war u.a. Flaggschiff General de Gaulles beim Angriff der Briten auf die französische Petain-Flotte in Dakar. Im November 1944 kaufte die britische Admiralität die WESTERNLAND, um es als Werkstattschiff umbauen zu lassen. Am 15. Juli 1947 wurde es zum Abwracken an die British Iron & Steel Corp, Blyth, verkauft.

Foto: Sammlung C. Rothe

Usaramo Deutsche Ostafrika-Linie, Hamburg (DOAL)
Bauwerft: Blohm & Voss, Hamburg /
Baunummer: 387 / 7775 BRT / 4490 NRT /
7150 tdw /
127,6 m reg. Länge / 17,1 m Breite /
1 Getriebeturbine /3000 PS / 12 kn / 1 Schr. /
Passagiere: 101 I., 65 II., 84 III. /
Besatzung: 126

Die Usaramo war der erste Neubau eines deutschen Passagierschiffes für den Afrika-Dienst nach dem ersten Weltkrieg. Das Schiff lief am 2. Oktober 1920 in Hamburg vom Stapel und verließ am 17. März 1921 seinen Heimathafen zur Jungfernreise nach Ostafrika. Die DOAL beschäftigte die Usaramo nach ihrer Jungfernreise weiter auf der Route Hamburg–Suezkanal–Ostafrika. Auch bei der Usaramo nahm die Reederei 1934 eine Zusammenlegung der II. und III. Klasse zur Touristenklasse vor. Am 31. Juli 1936 verließ das Schiff mit den ersten Einheiten der Legion Condor an Bord heimlich den Hamburger Hafen mit dem Ziel Cadiz, wo sie am 6. August die Leinen festmachte. Im September 1939, auf der Heimreise nach Hamburg, lief die Usaramo den spanischen Hafen Vigo an, da wegen eines Kesselschadens der Blockadedurchbruch nach Deutschland ohne großes Risiko nicht vorgenommen werden konnte. Als Wohnschiff der deutschen Kriegsmarine in Bordeaux diente die Usaramo ab Oktober 1940. Während eines britischen Luftangriffes auf Royan am 10. Dezember 1940 wurde sie versenkt. Die Usaramo konnte jedoch wieder gehoben und weiter als Wohnschiff eingesetzt werden. Bei Gefechten um Bordeaux am 25. August 1944 wurde sie erneut versenkt. Das in der Gironde befindliche Wrack konnte nach dem Krieg gehoben und verschrottet werden.

Foto: Deutsche Afrika-Linien

PENNLAND Red Star Line G.m.b.H., Hamburg
Bauwerft: Harland & Wolff, Belfast /
Baunummer: 457 / 16082 BRT / 9513 NRT /
10800 tdw / 182,9 m Länge / 20,7 m Breite /
2 III-Exp., 1 Abdampfturbine / 12000 PS /
15 kn / 3 Schr. /
Passagiere: 550 Touristenklasse /
Besatzung: 280

Für die American Line, Internationale Nav. C., Liverpool, lief das Schiff als PITTSBURG am 11. November 1920 vom Stapel. Nach der Fertigstellung am 25. Mai 1922 nahm das Schiff am 6. Juni 1922 zur Jungfernreise von Liverpool Kurs auf Boston. Insgesamt 2400 Passagiere konnte die PITTSBURG aufnehmen. Registriert für F. Leyland, Liverpool, übernahm im Januar 1925 die Red Star Line, Antwerpen, das Schiff. Es machte am 20. Januar 1925 seine erste Reise von Antwerpen nach New York. Ein Jahr später, im Februar 1926, wurde es in PENNLAND umbenannt. Nach der Übernahme durch die Red Star Line G.m.b.H., Hamburg, im Februar 1935, wurde die PENNLAND für die Aufnahme von 550 Passagieren in der Touristenklasse umgebaut. Sie blieb, auch nach ihrem Verkauf an die Holland Amerika Lijn, Rotterdam, im Juni 1939 weiter auf der Route Antwerpen–New York. Das britische Ministry of War Transport charterte im Mai 1940 das Schiff und ließ es zum Truppentransporter umbauen. Deutsche Flugzeuge versenkten es am 25. April 1941 im Golf von Aden.

Foto: Sammlung C. Rothe

ARTUS Artus, Danziger Reederei AG, Danzig
Bauwerft: Bremer Vulkan Schiffbau- und Maschinenfabrik, Vegesack /
Baunummer: 592 / 7879 BRT / 4857 NRT /
12335 tdw / 142,9 m Länge / 17,7 m Breite /
1 III-Exp. / 3700 PS / 12 kn / 1 Schr. /
Passagiere: 700 III. /
Besatzung: 70

Am 26. November 1920 lief die ARTUS vom Stapel der Bremer Vulkanwerft in Vegesack. In Dienst gestellt wurde sie nach der Ablieferung am 31. Januar 1921 noch als reines Frachtschiff. Erst im Jahre 1924 erfolgte auf der Werft Friedrich Krupp – Germaniawerft, Kiel, der Einbau von Passagiereinrichtungen der III. Klasse. Nachdem die Danziger Reederei »Artus« 1926 in der Hapag aufging, wurde Hamburg Heimathafen des Schiffes. Nach dem Umbau im Jahre 1927 bei der Deutschen Werft AG, Hamburg-Finkenwerder, und umbenannt in GENERAL MITRE konnte das Schiff, es war nach dem Umbau mit 9871 BRT und 5859 NRT vermessen, in der II. Klasse 95 und in der III. 630 Passagiere aufnehmen. Eingesetzt wurde die GENERAL MITRE im Dienst zwischen Hamburg und den La-Plata-Häfen. Nach dem Einbau einer Abdampfturbine im Jahre 1929 erhöhte sich die Maschinenleistung auf 5000 PS und die maximale Geschwindigkeit auf 14 Knoten. Vor dem Verkauf des Schiffes an die italienische Reederei Soc. Anon. Navigazione Alta Italia, Genua, am 7. September 1935 diente die GENERAL MITRE, die von 1932 bis 1934 in Altona stationiert war, als Ausbildungsschiff. Unter der Flagge Italiens kam sie unter dem Namen SANNIO in Fahrt. Die Besatzung des Schiffes versenkte am 10. Januar 1941 vor Assab (Aseb), Äthiopien, – 1941 noch Italienisch Ostafrika – beim Anrücken britischer Truppen die SANNIO. Das Wrack wurde 1951 gehoben und danach in Savona verschrottet.

Foto: Sammlung C. Rothe

USSUKUMA Deutsche Ostafrika-Linie, Hamburg
Bauwerft: Blohm & Voss, Hamburg /
Baunummer: 389 / 7765 BRT / 4497 NRT /
7 280 tdw / 127,6 m reg. Länge / 17,1 m Breite /
1 Getriebeturbine / 3000 PS / 12 kn / 1 Schr. /
Passagiere: 101 I., 61 II., 106 III. /
Besatzung: 120

Am 9. Juli 1921 stellte die Deutsche Ostafrika-Linie die USSUKUMA in Dienst, die am 30. Dezember 1920 vom Stapel gelaufen war. Wie von der Reederei geplant, wurde die USSUKUMA im Liniendienst zwischen Hamburg und den Häfen an der ostafrikanischen Küste in Fahrt gebracht. Bei einem Umbau im Jahre 1934 legte man die II. und III. Klasse zur Touristenklasse zusammen. Zum Beginn des zweiten Weltkrieges befand sich der Afrika-Liner USSUKUMA in Lourenco Marques (Maputo). Das Schiff nahm Kurs auf Brasilien und erreichte am 13. Oktober 1939 den argentinischen Hafen Bahia Blanca. Auf der Fahrt von Bahia Blanca nach Montevideo – hier sollte die USSUKUMA für den Durchbruch nach Deutschland ausgerüstet werden – wurde sie am 5. Dezember 1939 von den britischen Kreuzern CUMBERLAND und AJAX gestellt. Um der gewaltsamen Inbesitznahme durch die britischen Kriegsschiffe zu entgehen, wurde auf der USSUKUMA der Befehl zur Selbstversenkung gegeben. Das Schiff sank am 6. Dezember 1939 im südlichen Atlantik.

Foto: Sammlung C. Rothe

WANGONI Woermann-Linie AG, Hamburg
Bauwerft: Blohm & Voss, Hamburg /
Baunummer: 391 / 7768 BRT / 4489 NRT /
7328 tdw / 127,6 m reg. Länge / 17,1 m Breite /
1 Getriebeturbine / 3000 PS / 12 kn / 1 Schr. /
Passagiere: 101 I., 61 II., 104 III. /
Besatzung: 132

Das Schwesterschiff von USSUKUMA und USARAMO, die am 22. März 1921 vom Stapel gelassene WANGONI, wurde am 8. September 1921 in Dienst gestellt und lief am 15. September zur Jungfernreise von Hamburg nach Afrikas Westküste aus. Wie auch die USARAMO kam die WANGONI im Passagierdienst der Woermann-Linie AG sowie der Deutschen Ost-Afrika-Linie zum Einsatz. Im Jahre 1934 wurden die Passagiereinrichtungen der II. und III. Klasse zur Touristenklasse zusammengelegt. Im September 1939 lief die WANGONI den spanischen Hafen Vigo an. Nach geglücktem Blockadedurchbruch machte das Schiff am 1. März 1940 in Hamburg fest. Bis zum März 1945 diente der ehemalige Afrika-Liner als Wohnschiff der Kriegsmarine in Gotenhafen und Swinemünde. Unter der Bezeichnung VT (a) kam die WANGONI vom 12. März bis zum 19. April 1945 als Verwundeten-Transportschiff in der Ostsee zum Einsatz. Am 19. März 1946 wurde die UdSSR neuer Eigner des Schiffes. Das in CHUKOTKA umbenannte Schiff, in Deutschland generalüberholt, ist seit 1968 nicht mehr in Lloyd's Register of Shipping verzeichnet.

Foto: Deutsche Afrika-Linien

BAYERN Hapag, Hamburg
Bauwerft: Bremer Vulkan Schiffbau- und Maschinenfabrik, Vegesack /
Baunummer: 596 / 9014 BRT / 5159 NRT /
11760 tdw / 142,9 m reg. Länge / 17,8 m Breite /
1 III-Exp. / 4200 PS / 12 kn / 1 Schr. /
Passagiere: 17 I., 662 III. /
Besatzung: 138

Der Passagier- und Frachtdampfer BAYERN lief am 2. Juni 1921 vom Stapel. Dieser erste Passagierschiffsneubau Deutschlands nach dem ersten Weltkrieg glich vom Typ her den Auswandererschiffen früherer Jahre. Am 13. September 1921 machte die BAYERN von Hamburg aus ihre Jungfernreise nach New York. Bis zu ihrem Umbau für zukünftige Fahrten in den südlichen Atlantik im Jahre 1924 blieb sie im Nordatlantik-Dienst. Nach dem Umbau war das Schiff mit 8899 BRT vermessen und hatte nur noch in der III. Klasse für 568 Passagiere Platz. Im März 1924 wurde die BAYERN zur ersten Reise nach der südamerikanischen Ostküste abgefertigt. Im Jahr 1929 erhielt das Schiff eine Abdampfturbine, wodurch die Maschinenleistung auf 5000 PS und die Dienstgeschwindigkeit auf 13 Knoten erhöht werden konnten. Am 16. Januar 1936 verkaufte die Hapag das Schiff an die Messageries Maritimes, Dunkerque, die es unter dem Namen SONTAY in Fahrt brachte.

Als SUNLOCK war die ehemalige BAYERN seit 1955 unter Panama-Flagge in Fahrt. In Japan wurde sie 1959 abgebrochen.

Foto: Hapag-Lloyd AG

WÜRTTEMBERG Hapag, Hamburg
Bauwerft: Bremer Vulkan Schiffbau- und Maschinenfabrik, Vegesack /
Baunummer: 597 /8894 BRT / 5226 NRT /
11660 tdw / 142,9 m reg. Länge / 17,8 m Breite /
1 III-Exp. / 4500 PS / 12,5 kn / 1 Schr. /
Passagiere: 17 I., 751 III., /
Besatzung: 122

Die von der Hapag für die Fahrt nach Westindien und Südamerika bestimmte WÜRTTEMBERG lief am 5. August 1921 vom Stapel. Dieses große Kombischiff zählte neben dem Schwesterschiff BAYERN zu den ersten Hapag-Neubauten nach dem ersten Weltkrieg. Es konnte neben der Fracht eine beachtliche Zahl Passagiere aufnehmen. Äußerlich glich es den Schiffstypen der Vorkriegszeit. Am 30. Oktober 1921 in Dienst gestellt, verließ die WÜRTTEMBERG am 10. November den Hamburger Hafen zur Jungfernreise nach New York. Aufgrund eines Maschinenschadens mußte die WÜRTTEMBERG jedoch in ihren Heimathafen zurückkehren. Nach Behebung des Schadens lief sie am 14. November zu ihrer ersten Atlantiküberquerung nach New York aus. Erst am 31. Januar 1923 wurde die WÜRTTEMBERG zur ersten Reise von Hamburg nach Südamerika abgefertigt. Neben einem Umbau in den Passagiereinrichtungen und der danach verringerten Passagierkapazität erhielt die WÜRTTEMBERG 1929 auch eine Abdampfturbine, wodurch sich die Maschinenleistung auf 5000 PS und die Dienstgeschwindigkeit auf 13 Knoten erhöhten. Vom Dezember 1931 bis zum Verkauf an die Erste Deutsche Walfang-Gesellschaft mbH, Hamburg, im Dezember 1935, lag die WÜRTTEMBERG in Hamburg auf. Umbenannt in JAN WELLEM und bei Blohm & Voss zum Walfangmutterschiff umgebaut, verließ das Schiff am 6. September 1936 Hamburg zur Probefahrt. Die JAN WELLEM war mit 11776 BRT vermessen und 21,8 m

Foto: Hapag-Lloyd AG

breit. Eigentümer dieses ersten deutschen Walfangmutterschiffes war die Düsseldorfer Firma Henkel & Cie., G.m.b.H. Die JAN WELLEM wurde 1940 von der Kriegsmarine als Versorger in Dienst gestellt. Britische Zerstörer beschädigten das Schiff am 13. April 1940 während eines Angriffs auf Narvik so erheblich, daß einen Tag später der Befehl zur Selbstversenkung gegeben werden mußte. Nachdem im August 1940 das Schiff gehoben werden konnte, wurde es in Kiel repariert. Es diente seitdem als Stützpunkttanker in Gotenhafen und Libau. Im Juni 1946 gab der britische Hafenkommandant den Befehl, das Schiff in der Heikendorfer Bucht auf Grund zu setzen. Im November 1947 begannen in Blyth die Verschrottungsarbeiten.

Foto: Sammlung C. Rothe

La Coruna Hamburg-Süd, Hamburg
Bauwerft: Reiherstieg Schiffswerft & Maschinenfabrik, Hamburg /
Baunummer: 508 / 7221 BRT / 4403 NRT /
9180 tdw / 126,2 m reg. Länge / 16,8 m Breite /
1 III-Exp. / 3000 PS / 11,5 kn / 1 Schr. /
Passagiere: 1400 III. /
Besatzung: 74

Die zur España-Klasse zählende La Coruna hatte am 16. September 1921 ihren Stapellauf und wurde im Januar 1922 an die Reederei abgeliefert. Die La Coruna lief am 18. Februar 1922 zur Jungfernreise von Hamburg zu den Häfen am La Plata aus. Alle 3 Schiffe der España-Klasse erhielten 1927 Abdampfturbinen, wodurch die Maschinenleistung der La Coruna auf 3800 PS und die Dienstgeschwindigkeit auf 12 Knoten erhöht werden konnten. Bei allen 3 Schiffen gab es nach einem weiteren Umbau im Jahr 1936 Veränderungen in den Passagiereinrichtungen. Die La Coruna befand sich im September 1939 in Rio de Janairo. Im Februar 1940 versuchte sie, einen deutschen Hafen zu erreichen. Der Versuch, die Blockade zu durchbrechen, mißglückte. Am 13. März 1940 wurde die La Coruna vom britischen Hilfskreuzer Maloja unweit von Island gestellt. Um der Beschlagnahme zu entgehen, versenkte die eigene Besatzung das Schiff.

Foto: Sammlung J. Meyer

España Hamburg-Süd, Hamburg
Bauwerft: Howaldtswerke AG, Kiel /
Baunummer: 605/7322 BRT / 4450 NRT /
9535 tdw / 126,0 m reg. Länge / 16,8 m Breite /
1 III-Exp. / 3000 PS / 11,5 kn /
1 Schr. /
Passagiere: 196 III., 678 ZwD /
Besatzung: 78

Am 15. Oktober 1921 hatte die España, das Typschiff der España-Klasse, zu der außerdem die Vigo und die La Coruna gehörten, ihren Stapellauf. Diese gehörten zu den ersten Passagierschiffsneubauten der Reederei für die Hamburg-Süd nach dem ersten Weltkrieg. Anfang Januar 1922 fertiggestellt, lief die España am 21. Januar 1922 zu ihrer Jungfernreise von Hamburg zum La Plata aus. Das Schiff blieb bis zum zweiten Weltkrieg zwischen Hamburg und der südamerikanischen Ostküste beschäftigt. In dieser Zeit wurden auch die Passagiereinrichtungen umgebaut. Während des zweiten Weltkrieges diente die España als Transporter für Truppen und Kriegsmaterial. Im Mai 1945 beschlagnahmte Großbritannien im Sanjefjord das Schiff. Ein Jahr später wurde die España Eigentum der UdSSR, die sie unter dem Namen General Bargation in Fahrt brachte. Die ehemalige España blieb noch 27 Jahre unter sowjetischer Flagge im Einsatz, bevor sie im Jahre 1973 nach Japan verkauft wurde und dort den Namen Fuji Maru Nr. 3 erhielt. Unter diesem Namen kam das Schiff jedoch nicht wieder in Fahrt. Es wurde im Januar 1974 nach Koahsiung geschleppt und dort abgebrochen.

Foto: Sammlung C. Rothe

ANTONIO DELFINO Hamburg-Süd, Hamburg
Bauwerft: Stettiner Maschinenbau AG »Vulkan«, Grabow, Werk Hamburg /
Baunummer: 631 / 13589 BRT / 8013 NRT /
9600 tdw / 160,4 m Länge / 19,5 m Breite /
2 III-Exp., 2 Abdampfturbinen / 6000 PS /
13,5 kn / 2 Schr. /
Passagiere: 184 I., 334 III., 1360 ZwD /
Besatzung: 211

Als dritter Neubau für die Hamburg-Süd nach dem ersten Weltkrieg lief am 10. November 1921 die ANTONIO DELFINO vom Stapel. Das nach dem langjährigen Vertreter der Hamburg-Süd in Buenos Aires benannte Schiff begann am 16. März 1922, kurze Zeit nach der Fertigstellung, seine Jungfernreise in Hamburg mit dem Ziel Südamerika. Von 1932 bis 1934 lief das Schiff als SIERRA NEVADA auf Charterbasis für den Norddeutschen Loyd. Im Rahmen einer Reorganisation der Südamerikafahrt erhielt die Hamburg-Süd 1934 dieses rentable Schiff zurück. Unter seinem alten Namen blieb es bis zum Beginn des zweiten Weltkrieges zwischen Europa und den Häfen Südamerikas im Einsatz. Vom neutralen Hafen Bahia aus gelang es der ANTONIO DELFINO im September 1939, Deutschland zu erreichen. Seit April 1940 diente das Schiff in Kiel und seit 1943 in Gotenhafen als Wohnschiff der deutschen Kriegsmarine. Als Transporter im Rahmen der Evakuierung der ehemaligen deutschen Ostgebiete brachte die ANTONIO DELFINO auf 5 Fahrten im April 1945 20500 Flüchtlinge in Richtung Westen. Im Mai 1945 beschlagnahmte Großbritannien das Schiff in Kopenhagen und baute es zum Truppentransporter um. Umbenannt in EMPIRE HALLADALE, mit 14056 BRT vermessen und bereedert von der Anchor Line, London, fuhr das Schiff von 1946 bis 1955 als Truppentransporter unter britischer Flagge. Anfang 1956 wurde es abgewrackt.

Foto: Sammlung C. Rothe

Köln NDL, Bremen
Bauwerft: Bremer Vulkan Schiffbau- und Maschinenfabrik, Vegesack /
Baunummer: 591 / 9265 BRT / 5365 NRT /
11150 tdw / 144,5 m reg. Länge / 18,5 m Breite /
1 III-Exp. / 4000 PS / 12 kn / 1 Schr. /
Passagiere: 35 II., 620 III. und ZwD
(max. bis 1035) /
Besatzung: 183

Im November 1921 hatte die Köln ihren Stapellauf. Im März des darauffolgenden Jahres konnte das Schiff in Dienst gestellt werden. Der NDL beschäftigte die Köln in der Fahrt zwischen dem Heimathafen und der Ostküste Nordamerikas. Gelegentlich war sie aber auch nach Kanada und zu den La-Plata-Häfen im Einsatz. Auf der Bauwerft wurde das Schiff 1934 zum reinen Frachtschiff umgebaut. Nach dem Umbau war sie mit 7881 BRT, 4833 NRT und 9265 tdw vermessen. Die Köln strandete am 27. Juni 1940 bei Gefle im Bottnischen Meerbusen und wurde Totalverlust.

Foto: Hapag-Lloyd AG

CREFELD NDL, Bremen
Bauwerft: Flensburger Schiffbau-Gesellschaft, Flensburg /
Baunummer: 360 / 9573 BRT / 5682 NRT /
11150 tdw / 144,6 m reg. Länge / 18,6 m Breite /
1 III-Exp. /
4400 PS / 12,5 kn / 1 Schr. /
Passagiere: 36 I., 630 III. /
Besatzung: 192

Die im Dezember 1921 vom Stapel gelaufene CREFELD hatte am 26. Juni 1922 ihre Probefahrt. Nach der Indienststellung durch den NDL wurde sie am 10. August 1922 zur Jungfernreise Bremerhaven–La Plata abgefertigt. Bis zum Umbau als Frachtschiff im Jahre 1934 auf der Werft G. Seebeck AG, Geestemünde, beschäftigte die NDL die CREFELD als Fracht- und Passagierschiff im Dienst nach der Ostküste Südamerikas und zwischen Bremen und Kanada. Nach dem Umbau war die CREFELD mit 8045 BRT, 4949 NRT und 11865 tdw vermessen. Bei Ausbruch des zweiten Weltkrieges befand sich das Schiff in Gewässern des ehemaligen Gebietes Italienisch-Ostafrika. Anfang September 1939 wurde es in Massaua (Mitsisiwa-Äthiopien) aufgelegt. Vor der Einnahme Massauas durch britische Streitkräfte versenkte die Besatzung der CREFELD das Schiff in diesem Hafen.

Foto: Hapag-Lloyd AG

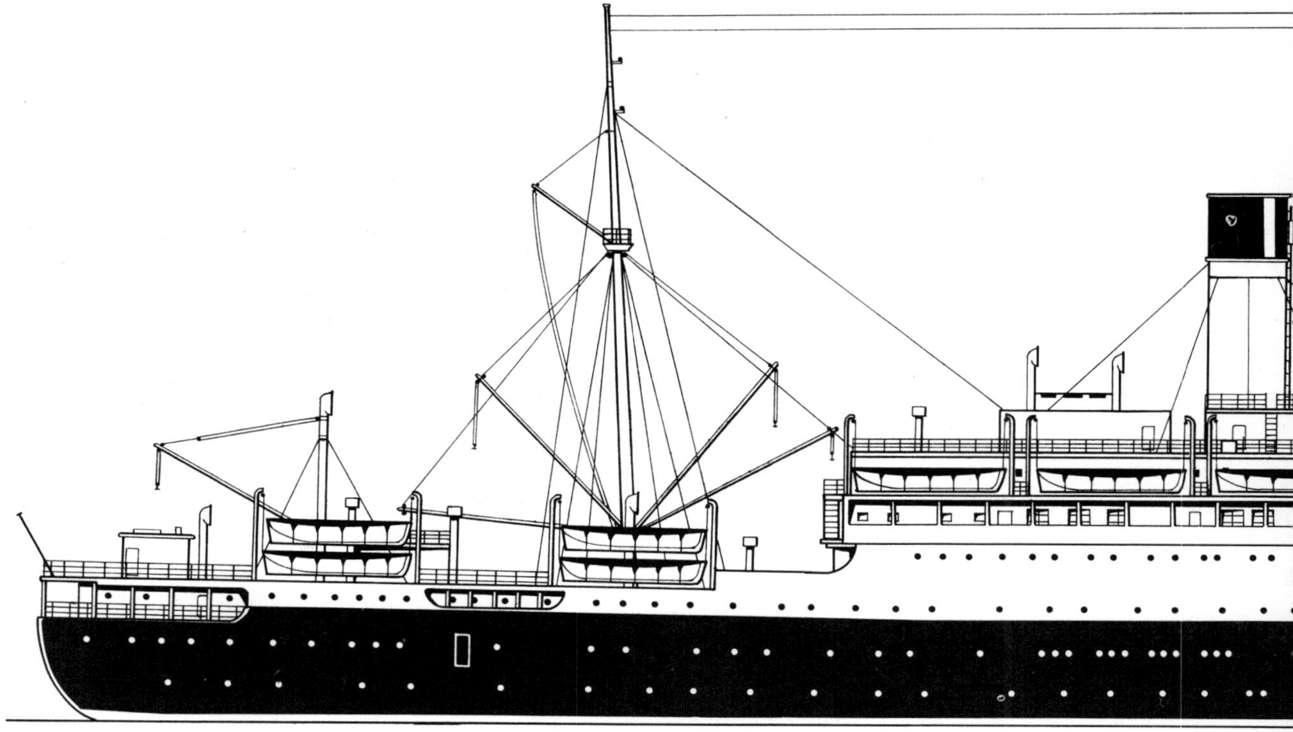

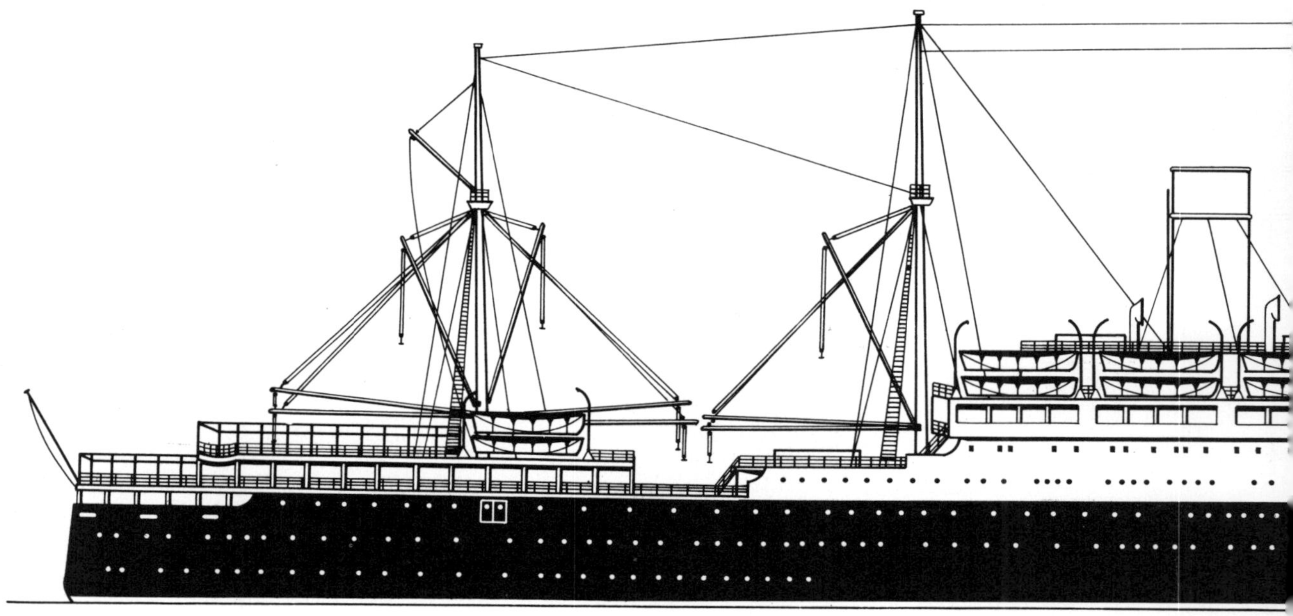

Antonio Delfino

Albert Ballin

VIGO Hamburg-Süd, Hamburg
Bauwerft: Howaldtswerke AG, Kiel /
Baunummer: 606 / 7 387 BRT / 4474 NRT /
9 620 tdw / 126,0 m reg. Länge / 16,8 m Breite /
1 III-Exp. /3 000 PS / 11,5 kn / 1 Schr. /
Passagiere: 190 III., 680 ZwD /
Besatzung: 78

Die Jungfernreise der am 20. Januar 1922 vom Stapel gelassenen VIGO begann im Monat ihrer Ablieferung, am 29. April 1922, in Hamburg mit dem Ziel Brasilien. Auch die VIGO gehörte zur España-Klasse und erhielt im Jahr 1927 eine Abdampfturbine. Nach dieser technischen Verbesserung hatten sich die Maschinenleistung auf 3 800 PS und die Dienstgeschwindigkeit auf 12 Knoten erhöht. Bis zum Beginn des zweiten Weltkrieges wurde die VIGO zwischen Hamburg und der Ostküste Südamerikas eingesetzt. Als SPERRBRECHER X stellte Ende September 1939 die deutsche Kriegsmarine das Schiff in ihren Dienst. Der Name wurde im Juli 1941 in SPERRBRECHER 10 geändert. Nördlich der Nordseeinsel Norderney sank die ehemalige VIGO am 7. März 1944 nach einem Minentreffer.

Foto: Sammlung W. Fuchs

EMIL KIRDORF Hugo Stinnes, AG für Seeschiff-fahrt & Überseehandel, Hamburg
Bauwerft: Reichsmarinewerft Wilhelmshaven /
Baunummer: 66 / 5695 BRT / 3426 NRT /
7840 tdw / 124,9 m reg. Länge / 16,4 m Breite /
1 III-Exp. / 2350 PS / 11 kn / 1 Schr. /
Passagiere: 50 I. /
Besatzung: 72

Die Ablieferung der EMIL KIRDORF, die am 25. Februar 1925 vom Stapel gelaufen war, erfolgte am 2. August des gleichen Jahres an die Hugo Stinnes AG, Hamburg. Die EMIL KIRDORF war Typschiff einer Klasse von 4 Fracht- und Passagierschiffen der Reederei, zu denen die CARL LEGIEN, die ADOLF VON BAEYER sowie die ALBERT VÖGLER gehörten. Die 4 Schwesterschiffe wurden 1926 von der Hapag übernommen und ohne Namensänderung auf verschiedenen Linien dieser Reederei beschäftigt. Die EMIL KIRDORF kam zuerst im Ostasien-Dienst, später im Hamburg–Valparaiso-Dienst zum Einsatz. Im Jahr 1932 trennte sich die Hapag von der EMIL KIRDORF und verkaufte sie an eine rumänische Reederei. Umbenannt in ARDEAL lief das Schiff unter rumänischer Flagge bis zur Torpedierung durch das sowjetische U-Boot A 5 am 11. Juni 1942 im Schwarzen Meer. Die auf Strand gesetzte ARDEAL wurde 1945 von sowjetischen Bergungsfachleuten geborgen und in Odessa instandgesetzt. Das Schiff, 1948 an Rumänien zurückgegeben und hier im Jahre 1963 abgebrochen, blieb bis zum Abbruch unter rumänischer Flagge.

Foto: Sammlung C. Rothe

Cap Norte Hamburg-Süd, Hamburg
Bauwerft: Stettiner Maschinenbau AG »Vulkan« Grabow, Werk Hamburg / Baunummer: 632 / 13615 BRT / 8027 NRT / 9650 tdw / 160,4 m reg. Länge / 19,5 m Breite / 2 III-Exp. / 6300 PS / 13 kn / 2 Schr. / Passagiere: 184 I., 334 III., 1368 ZwD / Besatzung: 211

Für den Südamerika-Dienst in Auftrag gegeben, am 8. Mai 1922 vom Stapel gelaufen und am 22. August 1922 abgeliefert, machte die Cap Norte am 14. September 1922 ihre Jungfernreise von Hamburg zum La Plata. Neben einer hohen Passagierzahl konnte das Schiff auch erhebliche Mengen Fracht befördern. Die Cap Norte wurde neben dem Liniendienst auch in das südamerikanische Kreuzfahrt-Programm der Hamburg-Süd einbezogen, das u. a. Fahrten nach Mar del Plata und Feuerland anbot. Im Juli 1927 erhielt die Cap Norte zwei Abdampfturbinen, wodurch eine Leistungssteigerung auf 7800 PS und eine Steigerung

Foto: Sammlung C. Rothe

der Dienstgeschwindigkeit auf 14,5 Knoten erreicht wurden. Wie die ANTONIO DELFINO lief auch die CAP NORTE in der Zeit von 1932 bis 1934 auf Charterbasis für den NDL. In dieser Zeit trug das Schiff den Namen SIERRA SALVADA. Nach der Rückgabe an die Hamburg-Süd führte das Schiff wieder seinen ursprünglichen Namen. Beim Versuch, die britische Blockade zu durchbrechen, wurde die CAP NORTE am 9. Oktober 1939 vom britischen Kreuzer BELFAST im Nordatlantik gestellt. Die CAP NORTE gehörte zu den wenigen Schiffen, die den Alliierten unversehrt in die Hände fiel. Dem britischen Ministy of War Transport war es somit möglich, die CAP NORTE nach kurzfristigen Umbau zum Truppentransporter als EMPIRE TROOPER 1940 wieder in Fahrt zu bringen. Die Bereederung übernahm die British India Steam Navigation Co. Ltd., London. Bei einem Umbau des Schiffes im Jahre 1949 in Falmouth erhielt die ehemalige CAP NORTE Einrichtungen für 924 Mann Soldaten und Platz für 336 Passagiere in der Kabinenklasse. Die EMPIRE TROOPER galt bis 1955 als einer der schnellsten und am besten ausgerüstetsten Truppentransporter unter britischer Flagge. Bereits seit April 1955 zum Abbruch an die British Iron & Steel Corp. verkauft, geriet das Schiff im Mai 1955 in Inverkeithing in Brand und sank. Die Verschrottungsarbeiten begannen im Juni 1955 nach der Hebung des Wracks.

CARL LEGIEN Hugo Stinnes, AG für Seeschiff-fahrt & Überseehandel, Hamburg
Bauwerft: Reichsmarinewerft Wilhelmshaven /
Baunummer: 67 / 5708 BRT / 3434 NRT /
7920 tdw / 124,9 m reg. Länge / 16,5 m Breite /
1 III-Exp. / 2350 PS / 11 kn / 1 Schr. /
Passagiere: 50 I. /
Besatzung: 72

Vom Stapel gelassen am 20. Mai 1922 und am 16. Dezember des gleichen Jahres in Dienst gestellt, blieb die CARL LEGIEN nur bis 1926 im Bestand der Hugo Stinnes AG. Am 24. November 1926 wurde die Hapag neuer Eigner des Fracht- und Passagierschiffes CARL LEGIEN. Ohne Namensänderung beschäftigte die Reederei das Schiff zuerst im Ostasien-Dienst und danach für Fahrten zwischen Hamburg und der Westküste Südamerikas (Valparaiso-Dienst). Nach dem Einbau einer Abdampfturbine im Jahre 1928 lief die CARL LEGIEN 12 Knoten bei 2850 PS Maschinenleistung. Nach dem Verkauf 1933 an Rumänien wurde das Schiff in ALBA JULIA umbenannt. Während eines sowjetischen Luftangriffs sank das Schiff am 18. April 1944 im Schwarzen Meer. Sowjetischen Bergungsfachleuten gelang 1946 die Hebung des Wracks. Nach Abschluß der nötigen Reparaturarbeiten wurde die ehemalige CARL LEGIEN als NIKOLAEV für die sowjetische Schwarzmeer-Flotte in Dienst gestellt. Ende 1959 wurde die NIKOLAEV abgewrackt.

Foto: Sammlung C. Rothe

SIERRA NEVADA NDL, Bremen
Bauwerft: Stettiner Maschinenbau AG »Vulkan«, Grabow, Stettin /
Baunummer: 666 / 8777 BRT / 4968 NRT /
8000 tdw / 134,0 m Länge / 17,3 m Breite /
2 III-Exp. / 4400 PS / 13 kn / 2 Schr. /
Passagiere: 221 II., 209 III., 302 ZwD /
Besatzung: 186

Die SIERRA NEVADA vom Norddeutschen Lloyd für den La-Plata–Dienst bestimmt, lief am 22. Mai 1922 vom Stapel und konnte am 6. September des gleichen Jahres an die Reederei abgeliefert werden. Als SIERRA NEVADA lief das Schiff nur eine verhältnismäßig kurze Zeit auf der Südamerika-Route. Im Jahre 1925 erhielt es den Namen MADRID. Nach Aufgabe der bisher vom Norddeutschen Lloyd und der Hamburg-Amerika Linie betriebenen Südamerika-Ostküsten-Fahrt, die im Zuge der Neuordnung der deutschen Linienschiffahrt erfolgte, wurde die MADRID 1934 von der Hamburg-Süd übernommen. Im Dezember 1940 von Las Palmas kommend, gelang dem Schiff der Blockadedurchbruch nach St. Nazaire. Im Jahre 1941 nutzte die deutsche Kriegsmarine die MADRID kurzzeitig für verschiedene Aufgaben. Am 9. Dezember 1941 versenkten britische Bomber das Schiff vor Den Helder.

Foto: Sammlung C. Rothe

TANGANJIKA Hamburg-Amerika Linie, Hamburg
Bauwerft: Blohm & Voss, Hamburg /
Baunummer: 459 / 8540 BRT / 5004 NRT /
7720 tdw / 136,9 m Länge / 17,8 m Breite /
1 Satz Getriebeturbinen / 3400 PS /
13 kn / 1 Schr. /
Passagiere: 280 in drei Klassen
Besatzung: 143

Die TANGANJIKA lief am 1. Juni 1922 vom Stapel und wurde nach ihrer Übergabe an die Hamburg-Amerika Linie im Oktober 1922 im Liniendienst Hamburg–Kapstadt–Ostafrika zum Einsatz gebracht. Nach der Aufgabe des Afrikadienstes vercharterte die Hamburg-Amerika Linie im Januar 1935 das Schiff an die Deutsche Ostafrika-Linie. Am 30. Juni 1936 kaufte die Deutsche Ostafrika-Linie das Schiff und setzte es bis zum Beginn des zweiten Weltkrieges weiter in der Afrikafahrt ein. Die TANGANJIKA wurde 1939 Wohnschiff der deutschen Kriegsmarine in Wilhelmshaven. 1942 sank sie in Wilhelmshaven, konnte jedoch wieder gehoben und repariert werden. Bei einem Luftangriff auf Wilhelmshaven am 12. November 1944 erlitt das Schiff solche schweren Beschädigungen, daß es wiederum sank. Nach der Bergung des Wracks im August 1947 kam es zum Abbruch nach Dover.

Foto: Sammlung J. Meyer

ADOLPH WOERMANN Woermann-Linie AG., Hamburg
Bauwerft: Blohm & Voss, Hamburg /
Baunummer: 395 / 8577 BRT / 4944 NRT /
8210 tdw / 132,1 m reg. Länge / 17,8 m Breite /
1 Getriebeturbine / 3300 PS / 12 kn / 1 Schr. /
Passagiere: 100 I., 60 II., 135 III. /
Besatzung: 138

Das vierte und zugleich größte Schiff mit dem Namen ADOLPH WOERMANN lief am 15. Juni 1922 vom Stapel. Nach erfolgreicher Probefahrt am 16. November des gleichen Jahres begann am 25. Mai 1923 die Jungfernreise in Hamburg, die das Schiff zur Westküste Afrikas führte. Auf dieser Route war die ADOLPH WOERMANN in der Regel beschäftigt, nur gelegentlich machte sie auch Reisen zu Häfen Ostafrikas. Der Umstellung des Schiffes auf Ölfeuerung im Jahre 1928 folgte 1934 die Zusammenlegung der II. und III. Klasse zur Touristenklasse. Von Lobito kommend, nahm die ADOLPH WOERMANN am 16. November 1939 Kurs auf Südamerika. Der Versuch des Schiffes, einen neutralen Hafen zu erreichen, gelang dem Afrika-Liner nicht. Nachdem der britische Kreuzer NEPTUNE die ADOLPH WOERMANN in der Nähe der Insel Ascension im Atlantik am 22. November 1939 stellte, wurde auf dem deutschen Schiff der Befehl zur Selbstversenkung erteilt. Die Passagiere und Besatzungsmitglieder des sinkenden Schiffes übernahm der britische Kreuzer.

Foto: Sammlung C. Rothe

WESER NDL, Bremen
Bauwerft: AG »Weser«, Bremen /
Baunummer: 323 / 9450 BRT / 5551 NRT /
9280 tdw / 139,8 m reg. Länge / 17,6 m Breite /
2 III-Exp. / 4200 PS / 12,5 kn / 2 Schr. /
Passagiere: 140 Tour., 820 III. (nach Umbau der Passagiereinr. 164) /
Besatzung: 143

Dieser Fracht- und Fahrgastdampfer WESER des Norddeutschen Lloyd Bremen kann im Gegensatz zu seinen Schwesterschiffen COBLENZ, FULDA, SAARBRÜCKEN, TRIER und WERRA durchaus als Außenseiter betrachtet werden. Im Juli 1922 in Bremen vom Stapel gelassen und im Oktober des gleichen Jahres in Dienst gestellt, wurde die WESER in der Fahrt zwischen Bremen und den südamerikanischen Häfen der Ostküste beschäftigt. Nach einer Dienstzeit von nur 11 Jahren erfolgte 1933 in Bremen der Abbruch des Schiffes.

Foto: Sammlung J. Meyer

THURINGIA Hapag, Hamburg
Bauwerft: Howaldtswerke AG, Kiel / Baunummer: 610 / 11 251 BRT / 6 585 NRT / 9 331 tdw / 150,9 m Länge / 18,5 m Breite / 1 Getriebeturbine / 4 800 PS / 13 kn / 1 Schr. / Passagiere: 159 Kabinenklasse, 652 III. / Besatzung: 164

Von der Hapag für den Nordatlantik-Dienst vorgesehen, lief die THURINGIA am 12. August 1922 vom Stapel. 12 Tage nach ihrer Ablieferung an die Hapag, am 22. Januar 1923, begann ihre Jungfernreise von Hamburg nach New York. Nach einem Umbau für den Einsatz nach Südamerika wurde das Schiff 1930 in GENERAL SAN MARTIN umbenannt. Ab März 1934 war es an die Hamburg-Süd verchartert, die es am 30. Juni 1936 kaufte. Die deutsche Kriegsmarine stellte im Januar 1940 die GENERAL SAN MARTIN als Wohnschiff in Dienst. In den letzten Kriegsmonaten kam es als Verwundetentransporter und ab 28. Februar 1945 als Lazarettschiff unter der Bezeichnung VT/LZ (II) zum Einsatz. Am 8. Oktober 1945 mußte die ehemalige THURINGIA in Kopenhagen an Großbritannien übergeben werden. Bei der Deutschen Werft Hamburg-Finkenwerder zum Truppentransporter umgebaut, fuhr das Schiff als EMPIRE DEBEN, von der Shaw, Savill & Albino Co. Ltd., London, bereedert, für das Ministry of Transport bis zum Abbruch 1949 in Newport/Monmouth unter britischer Flagge.

Foto: Sammlung C. Rothe

COLUMBUS NDL, Bremen
Bauwerft: F. Schichau, GmbH, Werk Danzig / Baunummer: 929 / 32354 BRT / 16892 NRT / 12800 tdw / 236,2 m Länge / 25,3 m Breite / 2 III-Exp. / 28000 PS / 18,0 kn / 2 Schr. / Passagiere: 513 I., 574 II., 705 III. / Besatzung: 733

Die Kiellegung des Schiffes war bereits 1914. Bis zum Beginn des ersten Weltkrieges konnte nur der Doppelboden gefertigt werden. Danach stellte man alle weiteren Arbeiten am Schiff bis 1920 ein. Die Taufe auf den Namen COLUMBUS fand am 17. Juni 1922 statt. Jedoch erst am 12. August 1922 lief sie vom Stapel. Am 27. November 1923 war das Schiff fertiggestellt und wurde einen Tag später von Danzig nach Bremen überführt. Die Jungfernreise von Bremerhaven nach New York begann am 22. April 1924. Neben ihrem Liniendienst im Nordatlantik war die COLUMBUS gelegentlich auch für Kreuzfahrten im Einsatz. Bei einem ihrer Einsätze im Atlantik brach am 2. August 1927 die Steuerbordwelle, wobei die Maschine zerstört wurde. Als Ersatz erhielt das Schiff eine Dreifachexpansionsmaschine mit einer Maximalleistung von 6500 PS. Bei Blohm & Voss wurde 1929 ein nochmaliger Umbau der COLUMBUS vorgenommen. Sie erhielt eine Getriebeturbine mit einer Leistung von 49000 PS. Damit konnte das Lloyd-Schiff maximal 23 Knoten erreichen. Zur gleichen Zeit wurde das äußere Bild des Schiffes den Silhouetten von EUROPA und BREMEN angeglichen. Im August 1939 befand sich die COLUMBUS, wenige Tage vor Ausbruch des zweiten Weltkrieges, auf einer Kreuzfahrt in der Karibik. Nachdem die Passagiere das Schiff in Havanna verlassen hatten, nahm die COLUMBUS Kurs auf den mexikanischen Hafen Veracruz. Im Dezember 1939 verließ sie diesen Fluchthafen und versuchte einen Durchbruch nach Deutschland. Am 19. Dezember 1939 forderte der britische Zerstörer HYPERION die COLUMBUS zum Stoppen auf. Die Besatzung des Schiffes setzte daraufhin die COLUMBUS in Brand und öffnete die Flutventile. Der US-Kreuzer TUSCALOOSA nahm die Besatzung der COLUMBUS auf, die östlich von Kap Hatteras sank. Die COLUMBUS war das größte deutsche Schiff, das von der eigenen Besatzung versenkt wurde.

Foto: Sammlung C. Rothe

WADAI Woermann-Linie AG, Hamburg
Bauwerft: Reiherstieg Schiffswerft & Maschinenfabrik, Hamburg / Baunummer: 518 / 4696 BRT / 2763 NRT / 5566 tdw / 110,1 m reg. Länge / 15,3 m Breite / 1 IV-Exp. / 2100 PS / 10 kn / 1 Schr. / Passagiere: 250 in drei Klassen / Besatzung: 80

Bei Baubeginn des Schiffes, im Jahre 1920, war als Name noch WARANGI geplant. Es lief jedoch am 17. August 1922 als WADAI vom Stapel. Die WADAI konnte am 2. Dezember 1922 in Dienst gestellt werden und acht Tage später zur Jungfernreise von Hamburg nach Westafrika auslaufen. Wie ihr Schwesterschiff WAHEHE wurde auch die WADAI 1931 umgebaut und verfügte nach diesem Umbau nur noch über 75 Passagierplätze in der Kajütklasse. Die WADAI blieb bis zum Beginn des zweiten Weltkrieges im Afrika–Dienst beschäftigt. Im September 1939 gelang der WADAI der Blockadedurchbruch. Nach einem Zwischenaufenthalt im sowjetischen Hafen Murmansk erreichte sie am 7. Oktober 1939 ihren Heimathafen. Bereits einen Monat später wurde die WADAI von der deutschen Kriegsmarine als Wohn- und Zielschiff der Torpedoschule in Dienst gestellt. Der ehemalige Afrika-Liner überstand den Krieg, ging jedoch im Juni 1945 in den Besitz Großbritanniens über. Als EMPIRE YARE blieb das Schiff aber nur für kurze Zeit unter britischer Flagge. Neuer Eigentümer wurde 1946 die UdSSR, die es in GOGOL umbenannte. Die GOGOL hatte ein umfangreiches Einsatzgebiet, vor allem in Gewässern Ostasiens. Laut Lloyd's Register of Shipping diente die GOGOL vor ihrem Abbruch 1970 in Japan noch etwa zwei Jahre als Schulschiff mit Heimathafen Petropawlowsk auf der Halbinsel Kamtschatka.

Foto: Sammlung J. Meyer

Usambara Deutsche Ostafrika-Linie, Hamburg
Bauwerft: Blohm & Voss, Hamburg /
Baunummer: 397 / 8690 BRT / 5104 NRT /
7860 tdw / 132,1 m reg. Länge / 17,8 m Breite /
1 Getriebeturbine / 3300 PS / 12 kn / 1 Schr. /
Passagiere/ 120 I., 72 II., 92 III. /
Besatzung: 138

Das Gegenstück der Adolph Woermann, die Usambara, hatte am 30. August 1922 ihren Stapellauf und wurde am 7. April 1923 an die Deutsche Ostafrika-Linie abgeliefert. Zur Jungfernreise lief die Usambara von Hamburg zu einer Fahrt rund um Afrika am 17. April 1923 aus. Die Usambara blieb nach ihrer Jungfernfahrt vor allem auf der Route Hamburg–Suezkanal–Ostküste von Afrika in Fahrt. 1934 wurde auch bei der Usambara die II. und III. Klasse zur Touristenklasse zusammengelegt. Seit Oktober 1939 diente sie der deutschen Kriegsmarine als Wohnschiff. Nach der Verlegung nach Stettin am 6. Januar 1944 nutzte die 4. U-Flottille das Schiff als Wohnunterkunft. Bereits im April 1944 nach einem Bombentreffer am Liegeplatz ausgebrannt, wurde die Usambara am 20. März 1945 durch einen Bombentreffer während eines Luftangriffs auf Stettin versenkt.

Foto: Deutsche Afrika-Linien

WERRA NDL, Bremen
Bauwerft: AG »Weser«, Bremen /
Baunummer: 324 / 9476 BRT / 5527 NRT /
9350 tdw / 139,8 m reg. Länge / 17,6 m Breite /
2 III-Exp. / 4200 PS / 12,5 kn / 2 Schr. /
Passagiere: 70 Kajütklasse, 650 III.,
(nach Umbau 164) /
Besatzung: 150

Am 13. September 1922 in Bremen vom Stapel gelaufen, beschäftigte der Norddeutsche Lloyd die WERRA vom Frühjahr 1923 bis 1934 in der Fahrt von Bremen über Spanien nach Kuba und Mexiko. Nach der Reorganisation der Südamerikafahrt und der Hamburg-Amerika Linie im Jahr 1934 gab der Lloyd neben anderen Schiffen auch die WERRA ab. Die »Italia«, Soc. per AZIONI di Nav., Genua, kaufte 1935 die WERRA vom Norddeutschen Lloyd. Unter italienischer Flagge lief das Schiff als CALABRIA bis 1940. Nach der Torpedierung durch das deutsche U-Boot U-103 am 8. Dezember 1940 sank das Schiff als britische Prise ohne vorherige Namensänderung im Nordatlantik auf der Position 52° 43′N – 18° 7′W.

Foto: Jansen

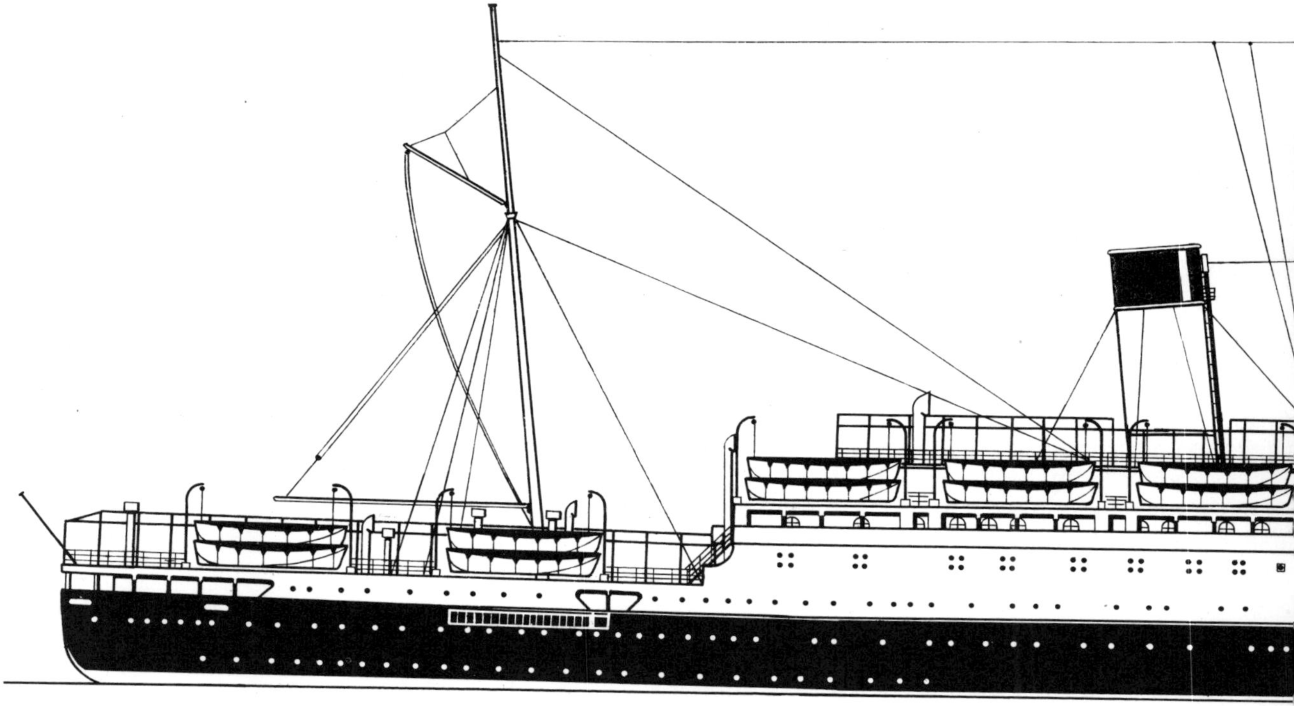

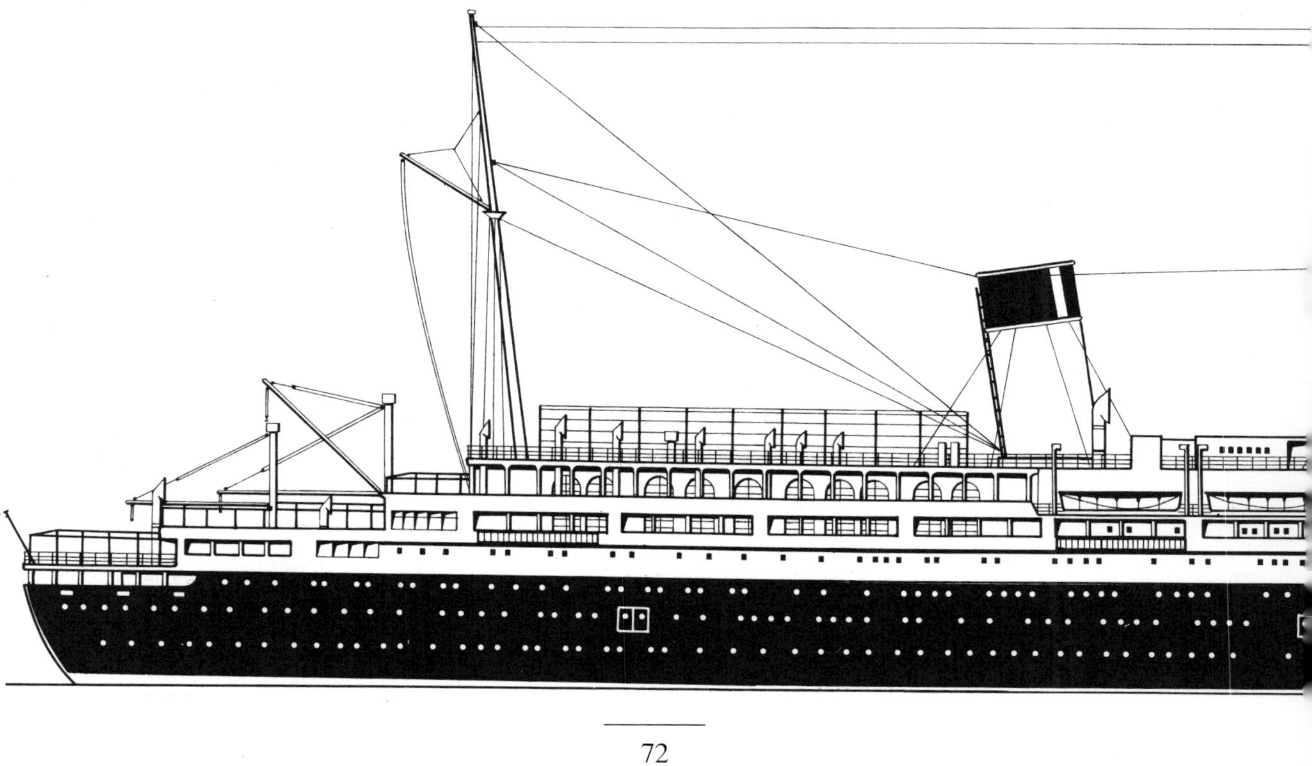

Monte Olivia

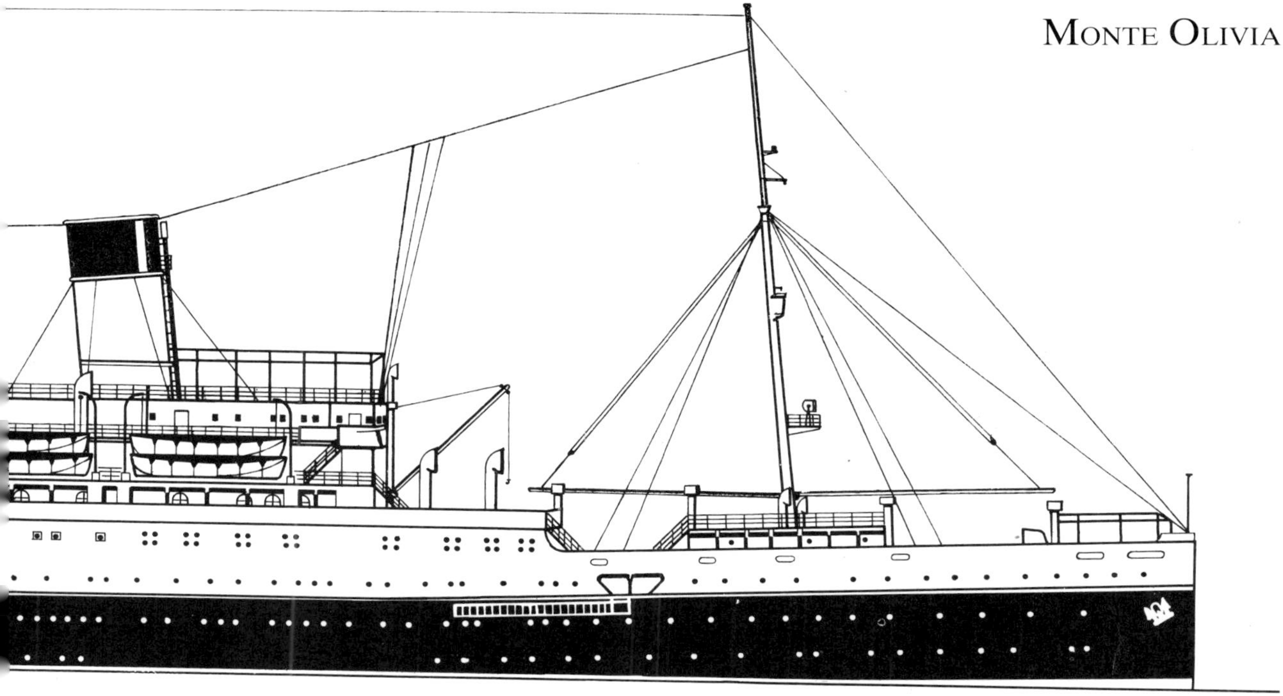

Cap Arcona

VEENDAM Hamburg-Amerika Linie, Hamburg
Bauwerft: Harland & Wolff, (Ltd.) Belfast, Werk Govan /
Baunummer: 650 / 15450 BRT / 9202 NRT / 9800 tdw / 175,6 m Länge / 20,5 m Breite / 4 Getriebeturbinen / 7500 PS / 15 kn / 2 Schr. / Passagiere: 262 I., 436 II., 480 Touristenklasse / Besatzung: 350

Die VEENDAM lief am 18. November 1922 vom Stapel und wurde im März 1923 an die Holland-Amerika Lijn, Rotterdam, übergeben. Das Schiff verließ Rotterdam am 18. April 1923 zur Jungfernreise nach New York. Es blieb weiter im Nordatlantik-Dienst in Fahrt. Erst ab 1928 setzte die Reederei die VEENDAM auch für Kreuzfahrten ein. Die Passagiereinrichtungen wurden dementsprechend verändert. Im Mai 1940 durch die deutsche Kriegsmarine beschlagnahmt, wurde die VEENDAM ein Jahr später der Hamburg-Amerika Linie zur Bereederung übergeben, die es in Gotenhafen und in Hamburg als Wohnschiff für die deutsche Kriegsmarine einsetzte.

Die Holland-Amerika Lijn erhielt das stark beschädigte Schiff, das im Hamburger Hafen durch Bomben getroffen war, im Januar 1946 zurück, konnte es aber nach längerer Reparatur erst am 30. Januar 1947 wieder nach New York in Dienst stellen. 30 Jahre nach ihrer Indienststellung wurde die VEENDAM 1953 bei Bethlehem Stell Co. in Baltimore abgewrackt.

Foto: Real Photographs Co. Ltd.

MÜNCHEN NDL, Bremen
Bauwerft: A. G. »Vulkan«, Stettin /
Baunummer: 669 / 13325 BRT / 9524 NRT /
9300 tdw / 167,8 m Länge / 19,8 m Breite /
2 III-Exp. / 8500 PS / 15 kn / 2 Schr. /
Passagiere: 170 I., 350 II., 558 III. /
Besatzung: 356

Die am 25. November 1922 vom Stapel gelassene MÜNCHEN und ihr Schwesterschiff, die STUTTGART, gehörten zu jenen Schiffen, mit denen Deutschland nach dem ersten Weltkrieg seinen Nordatlantik-Dienst wieder aufbaute. Am 21. Juni 1923 lief die MÜNCHEN von Bremerhaven mit Kurs New York zur Jungfernreise aus. Als MÜNCHEN blieb sie bis Anfang 1930 auf dieser Route. Am 11. Februar 1930, festgemacht am Pier 42 von Hoboken (New York), brach an Bord ein Feuer aus. Die fast völlig ausgebrannte MÜNCHEN wurde Mitte Mai 1930 für eine Überführung nach Bremen wieder flottgemacht. Die in GENERAL VON STEUBEN umbenannte MÜNCHEN, bei der A. G. »Weser« überholt und umgebaut, lief am 20. Januar 1931 mit veränderten Passagiereinrichtungen zu ihrer ersten Reise aus. Bis 1935 war sie ausschließlich für Kreuzfahrten in Fahrt. Die erste Lloyd-Mittelmeerfahrt begann für dieses Schiff am 16. Februar 1935 in Bremen und endete am 9. März in Genua. Dabei legte die STEUBEN 4563 Seemeilen zurück und machte in Portugal, der Insel Madeira, bei den Kanarischen Inseln, Marokko und Südspanien fest. Der Preis für eine solche Fahrt betrug zwischen 375 und 1065 Reichsmark. Ab September 1939 war die STEUBEN als Wohnschiff für die deutsche Kriegsmarine in Kiel im Einsatz. 1944 setzte die Kriegsmarine das Schiff als Verwundeten-Transporter in der Ostsee ein. Mit Kurs Kiel hatte die STEUBEN am 9. Februar 1945 Pillau mit etwa 2000 Flüchtlingen, 2500 Verwundeten und einer Besatzung von 450 Mann verlassen, als in der Nacht vom 10. zum 11. Februar das sowjetische U-Boot S 13 den Transporter torpedierte. Etwa 22,5 Seemeilen nordöstlich von Stolpmünde (Łeba) sank die ehemalige MÜNCHEN. Dabei fanden etwa 3000 Menschen den Tod.

Foto: Sammlung C. Rothe

Foto: Sammlung C. Rothe

ALBERT BALLIN Hapag, Hamburg
Bauwerft: Blohm & Voss, Hamburg /
Baunummer: 403 / 20815 BRT / 11722 NRT /
15000 tdw / 191,2 m Länge / 22,2 m Breite /
2 Satz Getriebeturbinen / 12500 PS /
15,5 kn / 2 Schr. /
Passagiere: 251 I., 340 II., 960 III. /
Besatzung: 415

Das Typschiff der Albert-Ballin-Klasse hatte am 16. Dezember 1922 Stapellauf und wurde im Juni 1923 fertiggestellt. Am 4. Juli 1923 trat die ALBERT BALLIN die Jungfernreise von Hamburg nach New York an. Ihr ausgezeichnetes Seeverhalten und die gut durchdachte Ausstattung der Passagiereinrichtungen garantierten der Hapag die gewünschte Auslastung des Schiffes. Gleiche Eigenschaften zeigten auch die übrigen Schiffe dieser Klasse: DEUTSCHLAND, HAMBURG und NEW YORK. Die Dienstgeschwindigkeit von 15,5 Knoten der ersten Einsatzjahre gewährleistete eine Reisedauer von etwa $10^1/_2$ Tagen im Liniendienst Hamburg–Sout hampton–Cherbourg–New York. Nach Abschluß erster Umbauarbeiten auf der Bauwerft in den Jahren 1929/1930 und ausgerüstet mit neuen Kesseln und Turbinen, erreichte das Schiff 19,5

Foto: Sammlung C. Rothe

Knoten. Am 12. Mai 1934 befand sich die ALBERT BALLIN in Bremerhaven, klar zur Rückfahrt nach Hamburg. Beim Ablegemanöver geriet der Lloyd-Schlepper MERKUR (395 BRT) vor den Bug der ALBERT BALLIN, die ihn überrannte. Von den 12 Mann der Schlepperbesatzung überlebten nur 5 das Unglück. Nach ihrem zweiten Umbau bei Blohm & Voss lief die ALBERT BALLIN am 6. Juni 1934 erneut auf Probefahrt. Durch »Vorschuhen« hatte sie ein um etwa 12 m verlängertes Vorschiff erhalten, und die Bugform war moderner gestaltet. Bei unveränderter Maschinenleistung lief das Schiff nach diesem Umbau etwa 2 Knoten schneller. Außerdem verfügte es über verbesserte Passagiereinrichtungen. Aufgrund der jüdischen Abstammung Albert Ballins erzwang die NS-Regierung am 1. Oktober 1935 die Umbenennung des Schiffes in HANSA. Im zweiten Weltkrieg übernahm die Kriegsmarine die HANSA und nutzte sie vor allem als Wohnschiff. Auf einer Evakuierungsreise von Gotenhafen in Richtung Westen kenterte sie am 6. März 1945 nach einen Minentreffer unweit von Warnemünde. In etwa 20-Meter-Wassertiefe lag das Schiff über 4 Jahre lang auf der Backbordseite. Die Steuerbordseite ragte etwa 5 Meter aus dem Wasser. Nachdem es in langer und mühevoller Arbeit gelang, das Wrack zu bergen, wurde es zum VEB Warnowwerft nach Warnemünde eingeschleppt. Hier traf es am 15. Dezember 1949 ein. Nach der Schiffskörperreparatur im Dock bei John Cockerill in Antwerpen und dem anschließenden Um- und Ausbau in Warnemünde, konnte das inzwischen in SOVIETSKIY SOYUZ umbenannte Schiff Ende 1955 der UdSSR übergeben werden. Die Jungfernreise führte das Schiff nach Odessa. Im März 1957 traf das neue Flaggschiff der sowjetischen Fernostflotte in Wladiwostok ein. Seit dem 29. Mai 1957 kam es auf der Route Wladiwostok–Petropawlowsk (Kamtschatka) zum Einsatz, auf der es bis Ende 1980 insgesamt 660000 Passagiere beförderte. Außerdem diente die SOVIETSKIY SOYUZ in der Kurilensee als Ausbildungsstätte für 3000 Seefahrtsschüler. Am 5. Dezember 1980 wurde die ehemalige ALBERT BALLIN außer Dienst gestellt.

Foto: E. Schäfer

Westphalia

Westphalia Hapag, Hamburg
Howaldtswerke AG, Kiel /
Baunummer: 611 / 11254 BRT / 6613 NRT /
9250 tdw / 150,9 m Länge / 18,5 m Breite /
1 Getriebeturbine / 5300 PS / 13,5 kn / 1 Schr. /
Passagiere: 150 Kabinenklasse, 652 III. /
Besatzung: 164

Ursprünglich als Ammerland geplant, lief das Schiff am 19. Januar 1923 als Westphalia vom Stapel. Unter diesem Namen wurde es am 17. Mai 1923 an die Hapag abgeliefert. Mit Ziel New York verließ die Westphalia am 21. Mai 1923 ihren Heimathafen Hamburg zur Jungfernreise. Als General Artigas und umgebaut für den Dienst zu südamerikanischen Häfen im Jahre 1929, lief das Schiff am 1. Mai 1930 zur ersten Reise von Hamburg zu den Häfen am La Plata aus. Wie die General San Martin wurde auch dieses Schiff 1934 erst an die Hamburg-Süd verchartert, bevor man es am 30. Juni 1936 an diese Reederei verkaufte. Am 29. Januar 1940 von der deutschen Kriegsmarine als Wohnschiff in Dienst gestellt, sank die General Artigas nach einem Luftangriff auf Hamburg am 25. Juli 1943 im Kuhwerder Hafen. Nach der Hebung des Wracks wurde dieses 1946 verschrottet.

Foto: Sammlung C. Rothe

Albert Vögler Hugo Stinnes,
AG für Seeschiffahrt & Überseehandel,
Hamburg
Bauwerft: Reichsmarinewerft Wilhelmshaven /
Baunummer: 69 / 5708 BRT / 3415 NRT /
7920 tdw / 124,9 m reg. Länge / 16,4 m Breite /
1 III-Exp. / 2000 PS / 11 kn / 1 Schr. /
Passagiere: 50 I. /
Besatzung: 72

Die Albert Vögler war das letzte Schiff der Serie von Fracht- und Passagierschiffen, welches auf der Reichsmarinewerft Wilhelmshaven gebaut wurde. Sie lief am 24. März 1923 vom Stapel und wurde im gleichen Jahr, am 13. Juni, abgeliefert. Die Albert Vögler unterschied sich von den Schwesterschiffen Emil Kirdorf, dem Typschiff, und Carl Legien durch die damals üblichere Schornsteinform, die auch beim Schwesterschiff Adolf von Baeyer zur Anwendung kam. Die beiden ersten Schiffe dieser Serie hatten einen auffälligen Schornsteinaufsatz. Die Albert Vögler wurde 1926 von der Hapag übernommen und im Ostasien–Dienst, später im Dienst zur Westküste Südamerikas in Fahrt gebracht. Nach dem Einbau einer Abdampfturbine im Jahr 1929 erreichte sie bei 2850 PS eine Dienstgeschwindigkeit von 12 Knoten. Im April 1933 verkaufte die Hapag das Schiff nach Rumänien. Neuer Eigner wurde die Serv. Maritime Romania, Braila. Das sowjetische U-Boot S 33 versenkte das in Suceava umbenannte, unter rumänischer Flagge laufende Schiff am 20. April 1943 im Schwarzen Meer durch Torpedotreffer. Nach dem zweiten Weltkrieg wurde die Suceava nicht repariert. Das Wrack wurde 1946 verschrottet.

Foto: Sammlung C. Rothe

Deutschland Hapag, Hamburg
Bauwerft: Blohm & Voss, Hamburg /
Baunummer: 405 / 20 607 BRT / 11 655 NRT /
15 000 tdw / 191,2 m Länge / 22,2 m Breite /
2 Satz Getriebeturbinen / 12 500 PS /
15,5 kn / 2 Schr. /
Passagiere: 220 I., 405 II., 935 III. /
Besatzung: 420

Das Turbinenschiff Deutschland lief am 28. April 1923 als zweites Schiff der Albert-Ballin-Klasse bei Blohm & Voss vom Stapel. Am 19. Dezember fertiggestellt, legte die Deutschland am 27. März 1924 in Hamburg zur Jungfernreise nach New York ab. Auf der Bauwerft erhielt das Schiff 1929 bis 30 neue Turbinen und Kessel.
Die nach diesem Umbau erreichte Dienstgeschwindigkeit von 19,5 Knoten konnte nach dem zweiten Umbau bei Blohm & Voss 1933/34 durch die Verlängerung und Modernisierung des Vorschiffes (196,8 Meter Länge) um weitere 2 Knoten gesteigert werden. Nach dem zweiten Umbau hatten sich auch die Passagiereinrichtungen verändert. Bis zum Kriegsausbruch wurde die Deutschland im Nordatlantik–Dienst beschäftigt. Von Anfang 1940 bis Ende 1944 diente das Schiff der Kriegsmarine als Wohnschiff für U-Boot-Besatzungen in Gotenhafen. In den letzten Kriegsmonaten war die Deutschland als Transporter bei der Evakuierung der deutschen Ostgebiete im Einsatz. Sie beförderte in dieser Zeit auf 7 Reisen etwa 70 000 Menschen. Am 30. April 1945 ging das Schiff zusammen mit der Cap Arcona, der Thielbek und der Athen in der Lübecker Bucht vor Neustadt vor Anker. An diesem Liegeplatz wurden die drei Schiffe am 3. Mai 1945 durch britische Bomber versenkt. Das Wrack der Deutschland, das 1948 gehoben werden konnte, wurde in der UdSSR verschrottet.

Foto: Sammlung J. Meyer

WAHEHE Woermann-Linie AG, Hamburg
Bauwerft: Reiherstieg Schiffswerft & Maschinenfabrik, Hamburg / Baureihe: 518 / 4709 BRT / 2771 NRT / 5560 tdw / 110,1 m reg. Länge / 15,3 m Breite / 1 IV-Exp. / 2100 PS / 10 kn / 1 Schr. / Passagiere: 250 in drei Klassen / Besatzung: 76

Nicht wie zur Kiellegung im Oktober 1920 vorgesehen als WADIGO, sondern als WAHEHE lief das Schiff am 6. Mai 1922 vom Stapel. Nach der Fertigstellung am 23. August begann am 10. November 1923 in Hamburg die Jungfernreise zur Westküste Afrikas. Nach einem Umbau verfügte die WAHEHE 1931 nur noch über eine Platzkapazität für 75 Passagiere in der Kajütklasse. Das Schiff blieb bis zum Beginn des zweiten Weltkrieges zwischen Hamburg/Bremen und den Häfen Westafrikas in Fahrt. Im September 1939 lief die WAHEHE den spanischen Hafen Vigo an und versuchte von hier aus im Februar 1940 den Durchbruch nach Deutschland, der jedoch mißglückte. Am 21. Februar 1940 brachte der britische Kreuzer MANCHESTER im Atlantik das Schiff auf. Umbenannt in EMPIRE CITIZEN und für das Ministry of War Transport in Fahrt, wurde es am 3. Februar 1941 ein Opfer des deutschen U-Bootes U-107 vom Typ IX B, das es torpedierte. Auf der Position 58°12′N – 23°22′W sank die ehemalige WAHEHE.

Foto: Deutsche Afrika-Linien

SIERRA VENTANA NDL, Bremen
Bauwerft: Bremer Vulkan Schiffbau- und Maschinenfabrik, Vegesack /
Baunummer: 610 /
11392 BRT / 6401 NRT / 9690 tdw /
155,7 m Länge / 18,8 m Breite / 2 III-Exp. /
6400 PS / 14 kn / 2 Schr. /
Passagiere: 230 II., 330 Tour., 480 III. /
Besatzung: 264

Als eine der Weiterentwicklungen der bewährten Sierra-Klasse des NDL aus der Zeit vor dem ersten Weltkrieg lief am 16. März 1923 die SIERRA VENTANA vom Stapel. Der NDL fertigte die SIERRA VENTANA wenige Tage nach der Fertigstellung zur Jungfernreise von Bremerhaven nach New York ab. Das Schiff verließ am 8. September 1923 Bremerhaven. Bis zum Verkauf an die »Italia« Soc. per Azioni di Nav., Genua, im Jahre 1935, beschäftigte der Lloyd die SIERRA VENTANA in der Fahrt zwischen Bremen und Havanna/Mexiko, nur vereinzelt auch nach New York. Unter italienischer Flagge wurde die SIERRA VENTANA, inzwischen in SARDEGNA umbenannt, weiter nach Südamerika beschäftigt. Nach dem Überfall Italiens auf Abessinien (Äthiopien) am 3. Oktober 1935 diente das Schiff als Truppentransporter. Ohne Namensänderung übernahm im September 1937 der Loyd Triesto die SARDEGNA. Auf einer Reise von Italien nach Albanien sank der Truppentransporter am 29. Dezember 1940 nach einem Torpedotreffer des griechischen U-Bootes PROTEUS auf der Position 40°31′N–19°02′0 vor Valona (Albanien) in der Adria.

Foto: Sammlung G. Rohbrecht

Saarbrücken NDL, Bremen
Bauwerft: AG »Weser«, Bremen /
Baunummer: 325 / 9429 BRT / 5386 NRT /
9280 tdw / 146,0 m Länge / 17,6 m Breite /
2 III-Exp. / 4200 PS / 12,5 kn / 2 Schr. /
Passagiere: 240 /
Besatzung: 176

Im Juni 1923 vom Stapel gelassen, konnte die Saarbrücken im Oktober des gleichen Jahres in Dienst gestellt werden. Die Saarbrücken wurde vom NDL bis zum Verkauf im Jahre 1935 im Liniendienst zwischen Bremerhaven und der Ostküste Südamerikas eingesetzt. Gelegentlich beschäftigte die Reederei das Schiff auch auf Reisen nach dem Fernen Osten. Als Toscana kam die Saarbrücken nach dem Verkauf an die Soc. Anon. Nav. Alta Italia, Genua, wieder nach Südamerika in Fahrt. Sie diente von 1940 bis 1945 als Lazarettschiff. Ab 1948 im Besitz des Lloyd Triesto wurde sie weiterhin als Toscana im Dienst nach Australien via Suez–Colombo eingesetzt. Das ehemalige Lloyd-Schiff befuhr 39 Jahre lang die Weltmeere, bevor es 1962 in Triest abgebrochen wurde.

Foto: Sammlung J. Meyer

STUTTGART NDL, Bremen
Bauwerft: Stettiner Maschinenbau AG »Vulcan«, Grabow, Stettin /
Baunummer: 670 / 13325 BRT / 7771 NRT /
9300 tdw / 167,8 m Länge / 19,8 m Breite /
2 III-Exp. / 8500 PS / 15 kn /2 Schr. /
Passagiere: 170 I., 338 II., 600 III. /
Besatzung: 356

Das für den Dienst Bremerhaven–New York vorgesehene Schiff wurde nach erfolgtem Stapellauf am 31. Juli 1923 zuerst auf der Ostsee erprobt. Nach der Fertigstellung am 4. Januar 1924 lief die Stuttgart am 15. Januar 1924 zur Jungfernreise von Bremerhaven mit Ziel New York aus. Der NDL beschäftigte das Schiff bis 1937 im Nordatlantik–Dienst. Danach wurde die STUTTGART zum Kreuzfahrtschiff umgebaut. Nach dem Umbau verfügte die STUTTGART über Einrichtungen für 990 Passagiere in der 1. Klasse. Im Jahr 1938 verkaufte der NDL das Schiff für zukünftige KdF-Fahrten an die Deutsche Arbeitsfront, bereederte es aber weiter. Als KdF-Schiff hatte es einen weißen Rumpfanstrich. Im Mai 1939 transportierte die STUTTGART Truppen der Legion Condor aus Spanien nach Deutschland. Am 23. August 1939 erfolgte die Indienststellung als Lazarettschiff der deutschen Kriegsmarine. Unter Bezeichnung Lz (II) war sie mit 485 Krankenbetten ausgerüstet und verfügte über 138 Personen Sanitätspersonal an Bord. Während eines Luftangriffes auf Gotenhafen am 9. Oktober 1943 brannte das Schiff nach Bombentreffern völlig aus. Das Wrack wurde nach dem Bombardement in der Danziger Bucht versenkt.

Foto: Sammlung C. Rothe

SIERRA CORDOBA NDL, Bremen
Bauwerft: Bremer Vulkan Schiffbau- und Maschinenfabrik, Vegesack /
Baunummer: 611 / 11469 BRT / 6467 NRT / 10345 tdw / 155,7 m Länge / 18,8 m Breite / 2 III-Exp. / 6200 PS / 14 kn / 2 Schr. /
Passagiere: 160 I., 1145 III., 760 ZwD /
Besatzung: 300

Nach dem Stapellauf des Schiffes am 26. September 1923 und der Übernahme durch den NDL Anfang Januar 1924 wurde die SIERRA CORDOBA am 26. Januar 1924 zur ersten Reise vom Heimathafen Bremen zu den La-Plata-Häfen abgefertigt. Die SIERRA CORDOBA war das größte Schiff, das der NDL nach Südamerika beschäftigte. Bis 1935 blieb es im Dienst zwischen Bremen und den Häfen in Mittel- und Südamerika im Einsatz. Außer für Fahrten im Liniendienst wurde die SIERRA CORDOBA auch für Erholungsreisen eingesetzt. Das Schiff lief beispielsweise im Herbst 1922 zu 2 Mittelmeerreisen aus. Nach einem Umbau der Passagiereinrichtungen im Jahr 1934 verfügte die SIERRA CORDOBA über 1000 Passagierplätze in einer Klasse, ausgenommen einige Luxuskabinen für »besondere Gäste«. Eine solche Reise kostete zwischen 195,- und 750,- RM. 1935 verkaufte die Reederei das Schiff an die Deutsche Arbeitsfront. Weiter vom NDL bereedert, war die SIERRA CORDOBA nach diesem Besitzerwechsel als KdF-Schiff im Einsatz. Am 15. März 1936 gingen die SIERRA CORDOBA, DER DEUTSCHE, die OCEANA sowie ST. LOUIS zur ersten Madeirafahrt von Hamburg aus in See. In den Kriegsjahren diente die SIERRA CORDOBA in Kiel und Hamburg als Wohnschiff für Angehörige der deutschen Kriegsmarine. Ab Mai 1945, von Großbritannien beschlagnahmt, beherbergte sie Angehörige der britischen Marine. Auf ihrem Liegeplatz in Hamburg brannte sie am 13. Januar 1946 völlig aus. Im Schlepp von Hamburg nach Clyde, wo der Abbruch stattfinden sollte, riß sich das Wrack am 18. Januar 1948 los, trieb ab und sank vor Esbjerg (Jütland/Jylland).

Foto: Sammlung M. Grima

Trier NDL, Bremen
Bauwerft: AG »Weser«, Bremen /
Baunummer: 327 / 9415 BRT / 5401 NRT /
9280 tdw / 139,8 m reg. Länge / 17,6 m Breite /
2 III-Exp. / 4200 PS / 12,5 kn / 2 Schr. /
Passagiere: 98 I., 138 II. /
Besatzung: 183

Das Fracht- und Fahrgastschiff Trier lief am 17. November 1923 vom Stapel und wurde im Juli 1924 in Dienst gestellt. Die Jungfernreise des Schiffes führte von Bremen zur südamerikanischen Ostküste. Die Trier blieb nach ihrer Jungfernreise vor allem im Liniendienst zwischen Bremen und den Häfen der Ostküste Südamerikas im Einsatz, wurde jedoch in den letzten Jahren ihres Einsatzes als Lloyd-Schiff auch im Nordatlantik-Dienst beschäftigt.

Unter Lloyd-Bereederung blieb die Trier bis zum Verkauf an die türkische Marine im Jahre 1936. Umbenannt in Erkin diente das Schiff danach unter türkischer Flagge als Marinehilfsschiff. Es fand Verwendung als Marine Tender und Wohnschiff. Erst 1956 erfolgte die Außerdienststellung und der Abbruch der ehemaligen Trier.

Foto: Sammlung J. Meyer

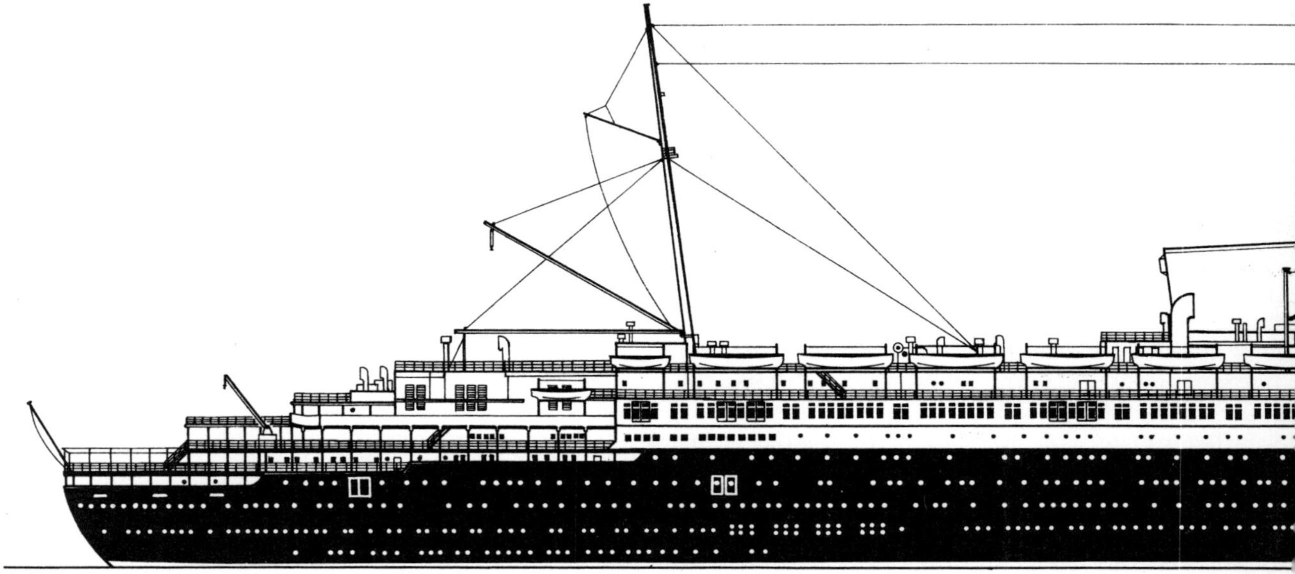

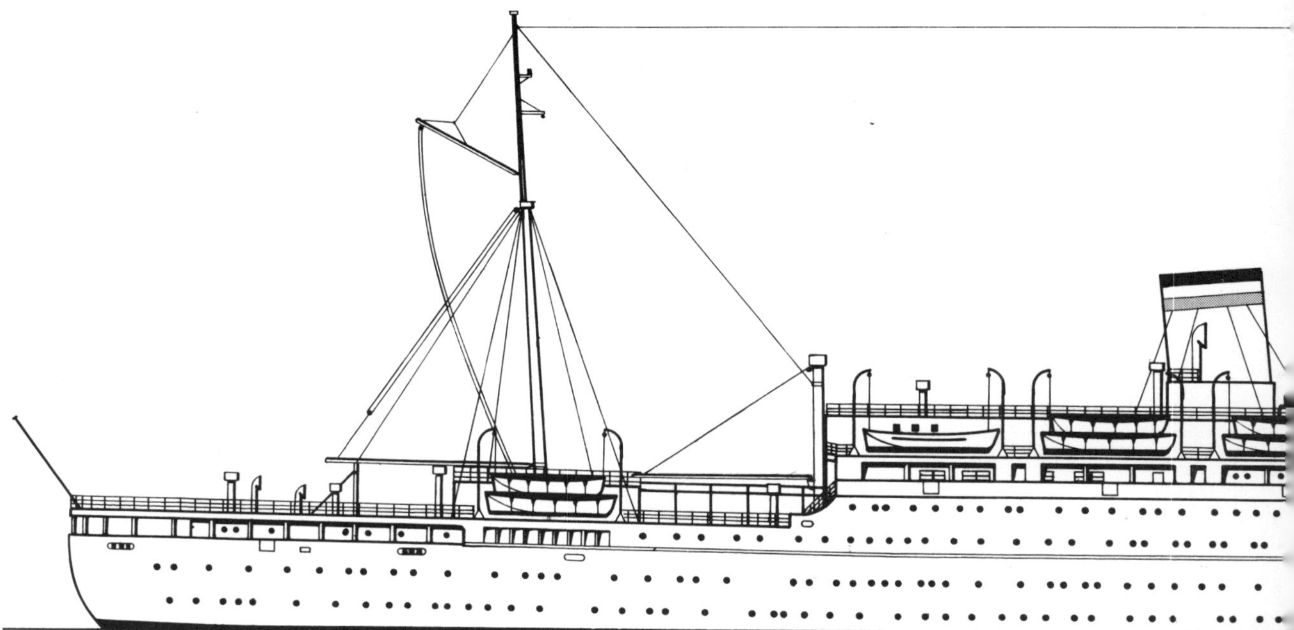

Bremen

Milwaukee

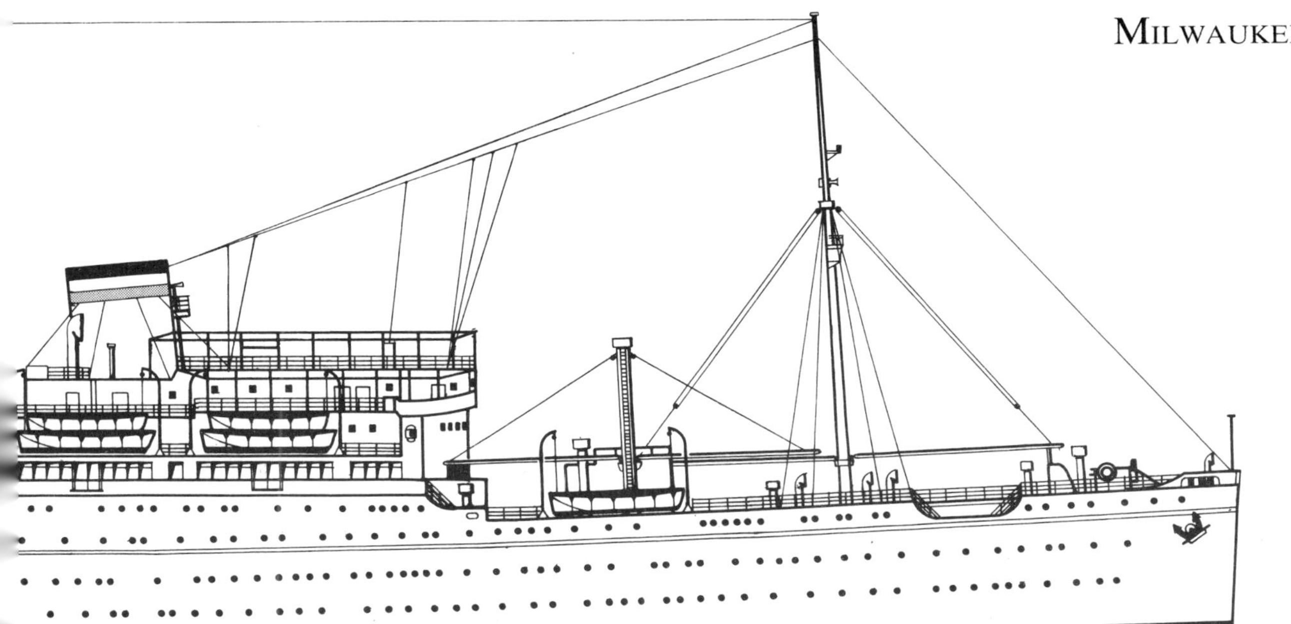

NJASSA Hapag, Hamburg / Deutscher Afrika–Dienst, Hamburg
Bauwerft: Blohm & Voss, Hamburg /
Baunummer: 399 / 8754 BRT / 5081 NRT /
7900 tdw / 132,1 m reg. Länge / 17,8 m Breite /
1 Getriebeturbine / 3400 PS / 12,0 kn / 1 Schr. /
Passagiere: 108 I., 54 II., 120 III. /
Besatzung: 162

Die NJASSA war das letzte Schiff, welches für den Afrika–Dienst der Hapag gebaut wurde. Der Stapellauf des Schiffes fand am 20. November 1923 statt. Am 26. Juni 1924 konnte die Hapag die NJASSA in Dienst stellen. Zur Jungfernreise des für den Gemeinschaftsdienst zwischen der Hapag und der Deutschen Ostafrika-Linie, Hamburg, vorgesehenen Schiffes wurde die NJASSA am 15. Juli 1924 abgefertigt. Diese erste große Reise führte die NJASSA jedoch nicht nach Afrika, sondern von Hamburg nach New York. In den Dienst Rund-um-Afrika wurde sie erst im August 1924 eingesetzt. Nachdem die Hapag ihren Afrika–Dienst aufgegeben hatte, übernahm die DOAL das Schiff ab November 1934 in Charter, bevor sie es am 30. Juni 1936 dann durch Kauf von der Hapag erwarb. Nach dem Weiterverkauf an die deutsche Kriegsmarine im August 1939 diente das Schiff während des zweiten Weltkrieges in Kiel und Wilhelmshaven als Wohnunterkunft für Angehörige der Kriegsmarine. Am 30. März 1945 wurde die NJASSA bei einem Luftangriff auf Wilhelmshaven von Bomben getroffen und brannte aus. Die Verschrottung des Wracks begann wenige Monate nach Kriegsende.

Foto: Sammlung C. Rothe

Rio Bravo Flensburger Dampfercompagnie, Flensburg
Bauwerft: Friedrich Krupp A.G. Germaniawerft, Kiel /
Baunummer: 458 / 5946 BRT / 3535 NRT / 4200 tdw / 125,1 m Länge / 15,8 m Breite / 2 Sechszylinder-Dieselmotoren / 4200 PS / 12 kn / 2 Schr. /
Passagiere: 93 I., 83 II. /
Besatzung: 73

Das für den Mexiko-Dienst vorgesehene Schiff lief am 7. Januar 1924 vom Stapel und wurde am 14. August des gleichen Jahres in Dienst gestellt. Zeitgenössischen Quellen ist zu entnehmen, daß die Inneneinrichtungen ungeteilte Anerkennung bei den Fahrgästen fanden, wenn sie auch sparsamer als auf den damaligen großen Passagierschiffen ausfielen. Die nach ihrer Jungfernreise im Dienst Hamburg–Westindien–Mittelamerika beschäftigte Rio Bravo blieb auch nach der Übernahme des Schiffes durch den Norddeutschen Lloyd im Jahre 1931 in diesem Fahrtbereich. Im September 1934 gab der NDL die Wiederaufnahme eines Südsee-Dienstes, der von Hongkong aus erfolgen sollte, bekannt. Für diesen Einsatz wurde die Rio Bravo und das 1931 ebenfalls vom NDL übernommene Schwesterschiff Rio Panuco aus der Westindienfahrt abgezogen. Während sich beide Schiffe auf der Reise nach Hongkong befanden, hatte die NDL vom geplanten Südsee-Dienst Abstand genommen. Die Rio Bravo wurde im Dezember 1934 an die Reederei Burns, Philp & Co. Ltd., Sydney, Australien, verkauft und in Merkur umbenannt. Der neue Eigner beschäftigte das Schiff im Liniendienst Sydney–Singapore und auf anderen Linien in ostasiatischen Gewässern sowie in der Südsee. Die Merkur, die den zweiten Weltkrieg überstand, wurde 1953 in Hongkong abgewrackt.

Foto: Sammlung J. Meyer

FULDA NDL, Bremen
Bauwerft: AG »Weser«, Bremen /
Baunummer: 328 / 9492 BRT / 5525 NRT /
9000 tdw / 139,8 m reg. Länge / 17,6 m Breite /
2 Dieselmotoren / 4200 PS / 14 kn / 2 Schr. /
Passagiere: 272
Besatzung: 54

Das vom NDL für den Dienst nach südamerikanischen Häfen geplante Schiff lief am 11. März 1924 vom Stapel. Das kombinierte Fracht- und Fahrgastschiff FULDA war der erste Neubau eines Handelsschiffes mit Motorantrieb, der von der AG „Weser" nach dem ersten Weltkrieg abgeliefert wurde. Die Ablieferung der FULDA fand im Dezember 1924 statt. Danach beschäftigte der Lloyd die FULDA als kombiniertes Fracht- und Fahrgastschiff wie vorgesehen im Südamerika-Dienst. Nach der Aufgabe der Südamerikafahrt des NDL im Jahre 1934 erfolgte auf der Bauwerft der Umbau zum reinen Frachtschiff. Nach dem Umbau konnte die FULDA nur noch 24 Fahrgäste aufnehmen. Sie wurde 1939 in Dairen (Lüda) aufgelegt und am 6. August 1940 in Dairen an Japan zwangsverkauft. In TEIKOKU MARU umbenannt, fuhr das Schiff noch bis 1944 unter japanischer Flagge. Am 30. Dezember 1944 versank die TEIKOKU MARU nach Bombentreffern durch die US-Luftwaffe bei den Philippinen.

Foto: Sammlung C. Rothe

VOGTLAND Hapag, Hamburg
Bauwerft: Blohm & Voss, Hamburg /
Baunummer: 401 / 7106 BRT / 4200 NRT /
9506 tdw / 136,5 m reg. Länge / 17,7 m Breite /
2 Dieselmotoren / 3300 PS / 11,5 kn / 2 Schr. /
Passagiere: 47 I., 75 III. /
Besatzung: 63

Das für den Ostasien–Dienst der Hapag bestimmte Schiff hatte am 3. Mai 1924 Stapellauf und wurde am 23. August des gleichen Jahres abgeliefert. Die Abfertigung zur Jungfernreise von Hamburg nach Ostasien fand am 21. September 1924 statt. Auf dieser Route blieb die VOGTLAND bis 1934. Obwohl sie mit den Luxusschiffen ihrer Zeit nicht konkurrieren konnte, verfügte sie über geschmackvolle Passagiereinrichtungen, die dem Personalverkehr nach Ostasien entsprachen. Von 1934 bis zum Umbau auf diesel-elektrischen Antrieb bei Blohm & Voss im Jahre 1937 beschäftigte die Reederei die VOGTLAND zwischen Hamburg und der südamerikanischen Westküste. Nach dem Umbau war sie mit 6608 BRT, 3734 NRT und 9803 tdw vermessen. Die Dienstgeschwindigkeit hatte sich auf 12 Knoten erhöht. Von September 1939 bis zum Mai 1940 befand sich die VOGTLAND aufgelegt in Batavia (Djakarta). Von den niederländischen Behörden wurde sie am 10. Mai 1940 beschlagnahmt. Unter niederländischer Flagge lief das Schiff als BERAKIT bis Mai 1943. Das japanische U-Boot I-27 torpedierte die BERAKIT erfolgreich am 7. Mai 1943 im Indischen Ozean.

Foto: Sammlung C. Rothe

SIERRA MORENA NDL, Bremen
Bauwerft: Bremer Vulkan Schiffbau und Maschinenfabrik, Vegesack /
Baunummer: 612 / 11430 BRT / 6429 NRT /
10800 tdw / 155,7 m Länge / 18,8 m Breite /
2 III-Exp. / 5800 PS / 14 kn / 2 Schr. /
Passagiere: 155 I., 1145 III., 764 ZwD /
Besatzung: 300

Der Stapellauf des Schiffes fand am 3. Juni 1924 statt. Am 10. Oktober stellte der NDL die SIERRA MORENA in Dienst, und am 25. Oktober 1924 begann in Bremerhaven die Jungfernreise zur Ostküste Südamerikas. In diesem Fahrtgebiet blieb das Schiff bis 1934 im Einsatz. Nur gelegentlich setzte die Reederei die SIERRA MORENA für Vergnügungsreisen ein. Am 20. Juli 1934 wurde das Schiff umbenannt in DER DEUTSCHE. Nach Veränderungen der Passagiereinrichtungen kam es ausschließlich für Kreuzfahrten zum Einsatz. Nach dem Verkauf des Schiffes an die DAF führte es, vom NDL bereedert, bis August 1939 KdF-Reisen durch. DER DEUTSCHE war das zweite Schiff, das von der DAF direkt durch Kauf übernommen und speziell für KdF-Reisen beschäftigt wurde. In der Zeit des zweiten Weltkrieges war DER DEUTSCHE für unterschiedliche Aufgaben der Kriegsmarine im Einsatz. Zuletzt gehörte DER DEUTSCHE mit zur Transporterflotte bei der Evakuierung der deutschen Ostgebiete. Nach Bombentreffern vor der

Foto: Sammlung C. Rothe

Insel Fehmarn mußte das Schiff auf Strand gesetzt werden. Nach Kiel geschleppt, übernahm am 18. März 1946 die UdSSR das Wrack. Am 16. November 1947 kam es im Schlepp zum VEB Warnowwerft nach Warnemünde. Nach umfangreichen Reparatur- und Umbauarbeiten konnte es am 9. Juni 1950 der Sowjetunion übergeben werden. Umbenannt in ASIA kam es auf der Fernostroute Wladiwostok – Petropawlowsk (Kamtschatka) wieder in Fahrt. Der geplanten Außerdienststellung der ASIA im Jahr 1959 folgten Reparatur und Modernisierung in Wladiwostok. Nach diesen Reparaturarbeiten verfügte die ASIA über 6 Kessel mit Ölfeuerung. Damit konnten 40 Heizer eingespart werden. Das Schiff lief am 29. September 1962 erneut von Wladiwostok nach Kamtschatka aus und blieb bis zum 21. Januar 1967 auf dieser Linie im Dienst. In Lloyd's Register of Shipping ist die ASIA ab 1970 nicht mehr aufgeführt.

Foto: Jansen

RIO PANUCO Flensburger Dampfercompagnie, Flensburg
Bauwerft: Friedrich Krupp A.G. – Germaniawerft, Kiel /
Baunummer: 459 / 5944 BRT / 3563 NRT / 5300 tdw / 125,0 m Länge / 15,8 m Breite /
2 Sechszylinder-Dieselmotoren / 4200 PS / 12 kn / 2 Schr. /
Passagiere: 93 I., 83 II. /
Besatzung: 73

Das Schwesterschiff der RIO BRAVO lief am 18. Juni 1924 vom Stapel. Die Probefahrt fand am 2. Oktober 1924 statt. Wie vorgesehen, stellte die Reederei auch die RIO PANUCO im Liniendienst Hamburg–Westindien–Mittelamerika ein. Die Übernahme durch den Norddeutschen Lloyd im Jahre 1931 änderte vorerst den Einsatz des Schiffes nicht. Erst nach dem Verkauf der RIO PANUCO an die Reederei Burns, Philp & Co. Ltd., Sydney, im Dezember 1934 und der Umbenennung in NEPTUN erhielt das Schiff ein neues Aufgabengebiet im Liniendienst Sydney–Singapore.
Im Gegensatz zu ihrem Schwesterschiff wurde die ehemalige RIO PANUCO eines der vielen Opfer des zweiten Weltkrieges. Die japanische Luftwaffe versenkte am 18. Dezember 1942 die NEPTUN während eines Luftangriffs auf Port Darwin (Nord-Australien).

Foto: Sammlung C. Rothe

Monte Sarmiento Hamburg-Süd, Hamburg
Bauwerft: Blohm & Voss, Hamburg /
Baunummer: 407 / 13625 BRT / 8018 NRT /
8450 tdw / 179,7 m Länge / 20,1 m Breite /
4 Diesel mit Getriebe / 6000 PS / 14 kn / 2 Schr. /
Passagiere: 1328 III., 1142 ZwD /
Besatzung: 280

Nach dem Stapellauf am 31. Juli 1924 übernahm die Hamburg-Süd mit der Monte Sarmiento am 12. November 1924 das erste Schiff der Monte-Klasse. Die Monte Sarmiento war das erste deutsche Motorschiff mit einer Vermessung von über 10000 BRT und damit das zur damaligen Zeit größte Motorschiff der Welt. Ihrer Jungfernreise von Hamburg zu den Häfen am La Plata – sie begann am 15. November 1924 – folgten noch zahlreiche Fahrten zur Ostküste Südamerikas. Neben dieser Beschäftigung der Monte Sarmiento kam sie im Liniendienst auch für zahlreiche Erholungsreisen zum Einsatz. Beispielsweise war sie gemeinsam mit der Monte Olivia vom Sommer bis zum Herbst 1936 für die KdF-Organisation in die norwegischen Fjorde unterwegs. Von der Kriegsmarine am 21. Dezember 1939 als Wohnschiff in Kiel in Dienst gestellt, beendeten Bombentreffer am 26. Februar 1942 den weiteren Einsatz des Schiffes. Das Wrack der Monte Sarmiento wurde 1943 gehoben und später in Hamburg verschrottet.

Foto: Sammlung C. Rothe

MONTE OLIVIA Hamburg-Süd, Hamburg
Bauwerft: Blohm & Voss, Hamburg / Baunummer: 409 / 13750 BRT / 7814 NRT / 8460 tdw / 159,7 m Länge / 20,1 m Breite / 4 Diesel mit Getriebe / 6000 PS / 14 kn / 2 Schr. / Passagiere: 1372 III., 1156 ZwD / Besatzung: 369

Wenige Wochen später als ihr Schwesterschiff MONTE SARMIENTO, am 28. Oktober 1924, lief die MONTE OLIVIA vom Stapel. Am 23. April 1925 begann für die MONTE OLIVIA ihre Jungfernreise in Hamburg, die sie zu den La-Plata-Häfen führen sollte. Aufgrund rückläufiger Zahlen bei den Auswanderer-Passagieren im Jahre 1925 setzte die Reederei die MONTE OLIVIA für Kreuzfahrten ein. Der Erfolg blieb nicht aus; auf 2 Nordkap-Reisen für Touristen konnten 1925 beispielsweise 3100 Passagiere gezählt werden. Im Herbst 1936 machte die MONTE OLIVIA, sie war kurze Zeit vorher in den KdF-Dienst eingestellt worden, zusammen mit der MONTE SARMIENTO KdF-Reisen nach Norwegen und in die Ostsee. Aus Santos (Brasilien) kommend, gelang dem Schiff im Oktober 1939 der Blockadedurchbruch nach Hamburg. Von Januar 1940 bis Januar 1945 diente die MONTE OLIVIA der deutschen Kriegsmarine als Wohnschiff. Ab Mitte Februar 1945, unter der Bezeichnung Lz (II), war sie als Lazarettschiff eingesetzt. Die MONTE OLIVIA kam bis zu ihrer Versenkung durch Bombentreffer am 3. April 1945 in Kiel für Verwundeten-Transporte in der Ostsee zum Einsatz. Nach der Hebung des Wracks 1946 begannen die Verschrottungsarbeiten.

Foto: Sammlung C. Rothe

Berlin NDL, Bremen
Bauwerft: Bremer Vulkan Schiffbau- und Maschinenfabrik, Vegesack / Baunummer: 614 / 15286 BRT / 8988 NRT / 9000 tdw / 174,3 m Länge / 21,1 m Breite / 2 III-Exp. / 12000 PS / 16 kn / 2 Schr. / Passagiere: 220 I., 284 II., 620 III. / Besatzung: 326

Die Berlin hatte am 24. März 1925 ihren Stapellauf und trat am 26. September 1925 die Jungfernreise von Bremerhaven nach New York an. Auf dieser Route beförderte sie bis auf einige Unterbrechungen (Westindien-Reisen und gelegentliche KdF-Fahrten), regelmäßig Passagiere und Fracht. Am 13. November 1928 war die Berlin vor New York an der Bergung von Überlebenden des am Vortag gesunkenen britischen Passagierschiffes Vestris beteiligt. Im Rahmen der Lloyd-Jubiläumsreisen 1937 setzte die Reederei das Schiff zu einer 18tägigen Sommerfahrt nach Madeira ein. Während dieser Reise legte es 4440 Seemeilen zurück. Am 17. Oktober 1938 wurde die Berlin aus der Fahrt genommen und in Bremerhaven aufgelegt. Im Mai 1939 kam sie noch einmal für 2 KdF-Fahrten zum Einsatz. Im Juli des gleichen Jahres wurde sie zur Übergabe als Lazarettschiff für die Kriegsmarine nach Swinemünde beordert. Am 17. Juli, kurz vor der beabsichtigten Übergabe, explodierte 14 Seemeilen vor der Hafeneinfahrt Swinemündes ein Kessel. Das Unglück forderte mehrere Menschenleben und ein großer Teil des technischen Personals erlitt erhebliche Verletzungen. Auf der Werft von Blohm & Voss in Hamburg wurden die erforderlichen Reparaturarbeiten ausgeführt und der Umbau zum Lazarettschiff vorgenommen. Die Berlin konnte am 23. August 1939 als erstes deutsches Lazarettschiff nach dem

Foto: Sammlung C. Rothe

ersten Weltkrieg in Dienst gestellt werden. Hauptliegeplatz der Berlin als schwimmendes Hospital war ein Fjord bei Krikenes. In der Zeit vom 15. Januar bis zum 9. April 1940 nutzte die Kriegsmarine das Schiff als Wohnstätte. Später diente die Berlin weiter als Lazarettschiff. Am 31. Januar 1945 erhielt sie, etwa zwei Seemeilen östlich der Kriegsansteuerungstonne Swinemünde, zwei Minentreffer. Nach Swinemünde zurückgelaufen verließ das Schiff am 1. Februar 1945 erneut den Hafen. Auf etwa gleicher Position wie am Vortag wurde es erneut von einer Mine getroffen und sank in nur 12 m Tiefe auf ebenen Kiel. Sowjetischen Bergungsspezialisten gelang 1946/47 die Bergung des Wracks, das von 1951 ist 1957 in der VEB Warnowwerft, Warnemünde, generalüberholt wurde. Am 2. Mai 1957 war aus dem Wrack der Berlin ein völlig neues Schiff entstanden, das, in Admiral Nachimov umbenannt, seine erste Reise zum zukünftigen Heimathafen Odessa antrat. Dieses der Platzkapazität nach größte Passagierschiff der sowjetischen Schwarzmeer-Seereederei verkehrte in den Sommermonaten auf der Krim–Kaukasus-Route und wurde im Winter für Schwarzmeer-Kreuzfahrten eingesetzt. 1978 beförderte die Admiral Nachimov Teilnehmer der XI. Weltfestspiele der Jugend und Studenten von Odessa nach Havanna und zurück. Am 31. August 1986 kollidierte die Admiral Nachimov mit dem Getreidefrachter Pjotr Wassen im Schwarzen Meer. Durch die Kollision wurde ein 90 m^2 großes Loch in den Rumpf des Passagierschiffes gerissen, durch das 29000 m^3 Wasser pro Minute einströmten. Nur 7 bis 8 Minuten nach der Kollision kenterte das Schiff und versank etwa 15 km vor der Küste. Dabei fanden 398 Menschen den Tod, 836 konnten gerettet werden.

Foto: E. Schäfer

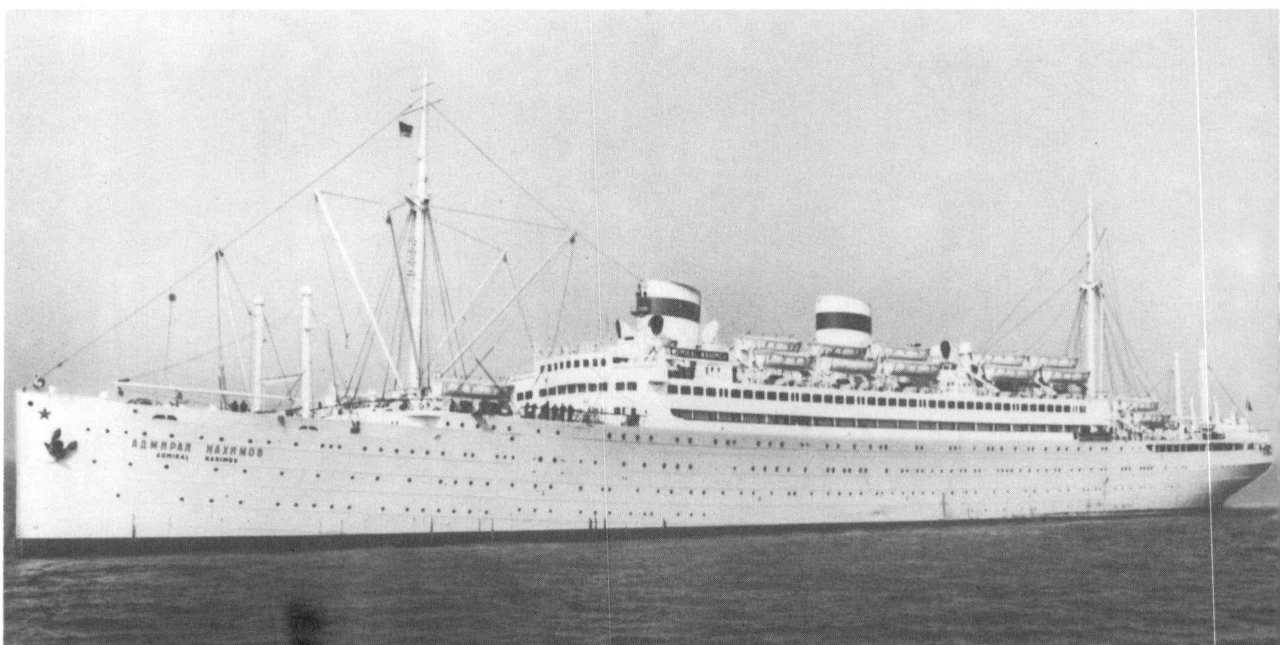

HAMBURG Hapag, Hamburg
Bauwerft: Blohm & Voss, Hamburg /
Baunummer: 473 / 21132 BRT / 12248 NRT /
15000 tdw / 193,5 m Länge / 22,1 m Breite /
2 Satz Getriebeturbinen / 12500 PS / 15,5 kn /
2 Schr. /
Passagiere: 222 I., 471 II., 456 III. /
Besatzung: 423

Als drittes Schiff der Albert-Ballin-Klasse wurde die HAMBURG am 14. November 1925 vom Stapel gelassen. Nach der Fertigstellung am 27. März 1926 begann am 9. April die Jungfernreise von Hamburg über Southampton und Cherbourg nach New York. Nach 2 Umbauten bei Blohm & Voss in den Jahren 1929 und 1933 verfügte die HAMBURG über neue Turbinen und Kessel. Ab 1940 diente die HAMBURG der Kriegsmarine in Gotenhafen als Wohnschiff der U-Boot-Lehrdivision. 1945 als Flüchtlingstransporter in Fahrt, lief die HAMBURG mit Kurs Wilhelmshaven am 7. März 1945, 1,5 Seemeilen nordöstlich von Saßnitz, auf eine Mine und kenterte in 18 Meter Wassertiefe. Nach der Bergung des der Sowjetunion als Reparationsleistung zuerkannten Wracks gelangte es im Schlepp am 7. November 1950 in den VEB Warnowwerft nach Warnemünde. Am 3. Dezember 1951 kehrte das inzwischen in JURY DOLGORUKY umbenannte Schiff von der Reparatur, die im Dock bei Cockerill in Antwerpen ausgeführt wurde, nach Warnemünde zurück. Hier sollte es wieder zu einem Fahrgastschiff ausgebaut werden. Der Bau wurde jedoch im Juli 1955 gestoppt, denn die JURY DOLGORUKY sollte nach dem Beschluß des Auftraggebers als Walfangmutterschiff eingesetzt werden. Das neue Walfangmutterschiff konnte am 12. Juli 1960 an den sowjetischen Auftraggeber abgeliefert werden. Die JURY DOLGORUKY wurde 1976 außer Dienst gestellt und ein Jahr später abgewrackt.

Foto: Sammlung C. Rothe

NEW YORK Hapag, Hamburg
Bauwerft: Blohm & Voss, Hamburg /
Baunummer: 474 / 21455 BRT / 12407 NRT /
15000 tdw / 193,5 m Länge / 22,1 m Breite /
2 Satz Getriebeturbinen / 12500 PS / 15,5 kn /
2 Schr. /
Passagiere: 247 I., 320 II., 470 III. /
Besatzung: 420

Das Turbinenschiff NEW YORK lief als viertes und zugleich letztes Schiff der Albert-Ballin-Klasse am 20. Oktober 1926 vom Stapel und wurde am 12. März 1927 fertiggestellt. Zu ihrer Jungfernreise lief die NEW YORK am 1. April 1927 von Hamburg nach New York aus. Damit hatte ihr regelmäßiger Dienst auf dieser Fahrtroute begonnen. Im November 1929 begann der Umbau bei Blohm & Voss. Nach Abschluß der Umbauarbeiten am 16. April 1930 war auch dieses Schiff der Albert-Ballin-Klasse mit neuen Turbinen und Kesseln ausgerüstet. Die Dienstgeschwindigkeit lag nach dem Umbau ebenfalls bei 19,5 Knoten. Durch einen zweiten Umbau 1933/1934 erhielt die NEW YORK ein moderneres, durch »vorschuhen« auf 206,5 Meter verlängertes Vorschiff und lief 2 Knoten schneller. Anfang 1940 von der Kriegsmarine als Wohnschiff in Dienst gestellt, gehörte sie kurz vor Kriegsende mit zur Transportflotte bei der Evakuierung der ehemaligen deutschen Ostgebiete. Nach einem alliierten Luftangriff auf Kiel am 3. April 1945 kenterte die NEW YORK nach Bombentreffern und brannte aus. Das Wrack wurde im Frühjahr 1949 gehoben und zum Verschrotten nach Großbritannien geschleppt.

Foto: Sammlung C. Rothe

WATUSSI Woermann-Linie AG, Hamburg
Bauwerft: Blohm & Voss, Hamburg /
Baunummer: 481 / 9552 BRT / 5586 NRT /
7485 tdw / 136,0 m reg. Länge / 18,3 m Breite /
1 Getriebeturbine / 4200 PS / 14,5 kn / 1 Schr. /
Passagiere: 126 I., 87 II., 134 III. /
Besatzung: 165

Die WATUSSI hatte am 2. Februar 1928, nur wenige Wochen vor ihrem Schwesternschiff UBENA, Stapellauf. Am 30. Mai in Dienst gestellt, lief sie am 16. Juni 1928 zur Jungfernreise von Hamburg – Rund-um-Afrika aus. Die WATUSSI war das erste Schiff des deutschen Afrika–Dienstes mit 2 Schornsteinen. Beschäftigt wurde sie nach ihrer Jungfernreise in der Fahrt zwischen Hamburg bzw. Bremen und der Westküste Afrikas. Im Jahre 1934 wurde die WATUSSI auf ihrer Bauwerft umgebaut und um 7 Meter verlängert. Nach dem Umbau waren die II. und III. Klasse zur Touristenklasse zusammengelegt. Zum Beginn des zweiten Weltkrieges befand sich das Schiff in Moçambique. Von hier aus versuchte es, im November 1939 einen Hafen in Südamerika anzulaufen. Am 2. Dezember 1939 wurde die WATUSSI vom britischen Schlachtkreuzer RENOWN südlich von Kapstadt gestellt. Die Besatzung der WATUSSI öffnete daraufhin die Seeventile und setzte das Schiff in Brand. Alle Passagiere und Besatzungsmitglieder der untergehenden WATUSSI wurden von dem britischen Kriegsschiff übernommen.

Foto: Sammlung C. Rothe

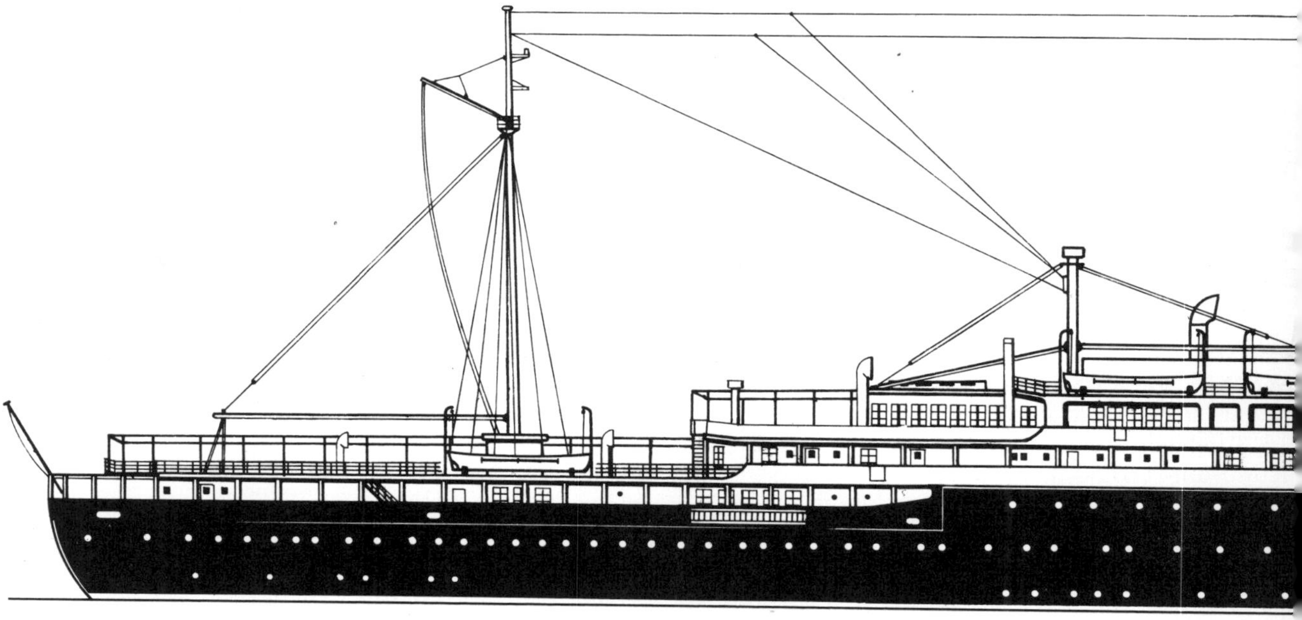

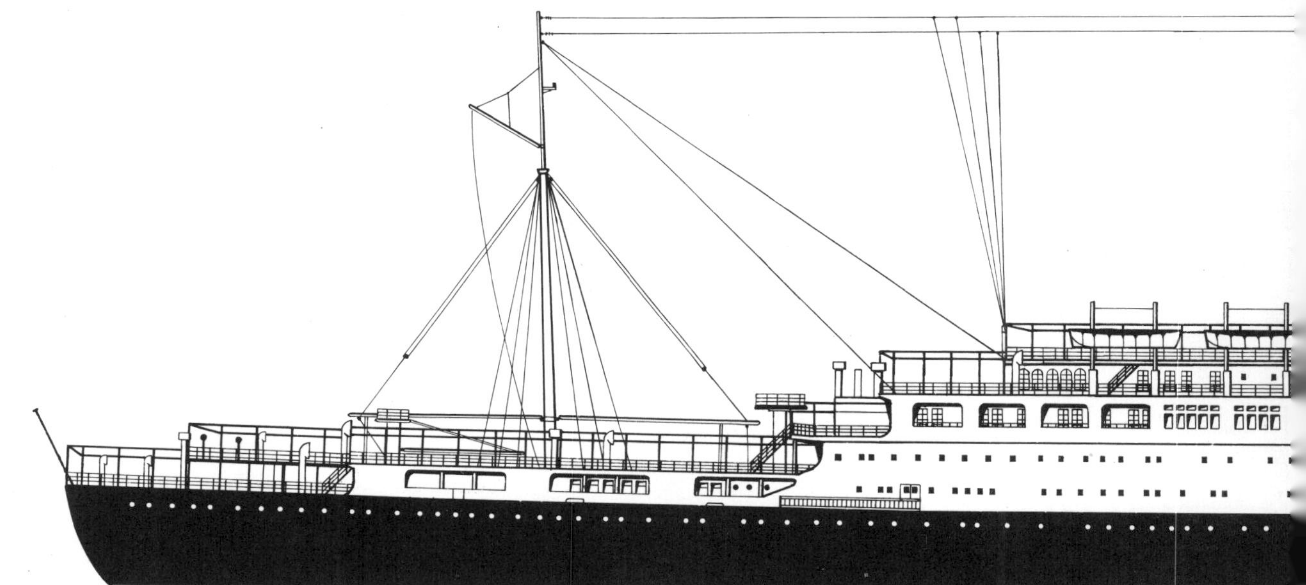

Caribia

Potsdam

CAP ARCONA Hamburg-Süd, Hamburg
Bauwerft: Blohm & Voss, Hamburg / Baunummer: 476 / 27560 BRT / 15011 NRT / 11500 tdw / 205,9 m Länge / 25,7 m Breite / 2 Getriebeturbinen / 24000 PS / 20 kn / 2 Schr. / Passagiere: 575 I., 275 II., 465 III. / Besatzung: 475

Das zukünftige Flaggschiff der Hamburg-Süd lief am 14. Mai 1927 vom Stapel, wurde am 29. Oktober fertiggestellt und verließ am 19. November 1927 den Hamburger Hafen zur Jungfernreise nach Argentinien. Die CAP ARCONA war nicht nur eines der größten, sondern auch eines der schnellsten Schiffe der damaligen Zeit. Bei einer Dienstgeschwindigkeit von 20 Knoten legte die CAP ARCONA die Strecke Hamburg – Buenos Aires in nur 15 Tagen zurück. Neben dem regelmäßigen Liniendienst zwischen Hamburg – Madeira – Rio de Janeiro und Buenos Aires setzte die Hamburg-Süd ihr Flaggschiff auch in das Programm der Vergnügungsreisen ein. Auf 91 Reisen beförderte die CAP ARCONA vom November 1927 bis zum August 1939 etwa 200000 Passagiere. Am 25. August 1939 legte das elegante Schiff zum letzten Mal von Südamerika kommend in Hamburg an. Am gleichen

Foto: Sammlung C. Rothe

Tag hatte Kommodore Richard Niejahr durch einen verschlüsselten Funkspruch die Nachricht vom bevorstehenden Krieg erhalten. Ab November 1940 befand sich die Cap Arcona als Wohnschiff der deutschen Kriegsmarine in Gotenhafen. Während der Evakuierung der deutschen Ostgebiete beförderte sie auf 3 Reisen etwa 26000 Menschen. Im April 1945 befand sich das ehemalige Luxusschiff, mit einem Maschinenschaden in der Neustädter Bucht. Auf diesem Liegeplatz mußte die Cap Arcona etwa 5000 Häftlinge aus dem KZ Neuengamme bei Hamburg übernehmen. Zusammen mit der aus 70 Mann bestehenden Besatzung und den Wachmannschaften befanden sich danach etwa 6000 Menschen an Bord. Am 3. Mai 1945 griffen britische Jagdbomber die Cap Arcona und die ebenfalls in der Neustädter Bucht vor Anker liegende Deutschland der Hapag sowie die Thielbek der Reederei Knöhr & Burchardt an. Zuerst sank die Thielbek, gefolgt von der Deutschland. Die Cap Arcona konnte sich noch einige Zeit halten, bevor sie sich brennend auf die Steuerbordseite legte. Nur etwa 350 Menschen überlebten. Das Wrack der Cap Arcona, das im flachen Wasser nicht völlig unterging, konnte bis 1949 am Ort der Katastrophe verschrottet werden.

Monte Cervantes

Monte Cervantes Hamburg–Süd, Hamburg
Bauwerft: Blohm & Voss, Hamburg /
Baunummer: 478 / 14140 BRT / 7943 NRT /
8340 tdw / 159,7 m Länge / 20,1 m Breite /
4 Dieselmotoren mit Getriebe / 6000 PS / 14 kn /
2 Schr. /
Passagiere: 1354 Tour., 1132 ZwD /
Besatzung: 330

Die Monte Cervantes lief am 25. August 1927 als drittes Schiff der Monte-Klasse vom Stapel und konnte am 3. Januar 1928 in Dienst gestellt werden. 4 Tage danach begann ihre Jungfernreise in Hamburg, die sie zu den Häfen am La Plata führte. Von den 5 Einheits-Passagierschiffen der Monte-Klasse konnte die Monte Cervantes mit Recht als ein vom Pech verfolgtes Schiff bezeichnet werden. Es begann bereits auf der Probefahrt, bei der ein Kochkessel platzte und ein Koch so starke Verbrühungen erlitt, daß er an den Folgen verstarb. Auf ihrer dritten Fahrt im Juli 1928 fuhr die Monte Cervantes in das Europäische Nordmeer nach Spitzbergen. Während dieser Vergnügungsfahrt wurden zusätzlich die Frachträume zur Unterbringung von Passagieren genutzt. So reiste man zwar nicht besonders komfortabel, der Fahrpreis lag aber dafür nur bei 240 Reichsmark. Je nach Komfort lag der Preis für einen Kabinenplatz zwischen 500,– und 600,– Reichsmark. Das Unglück ereignete sich am 25. Juli 1928 in der Recherche-Bucht des Belsunds von Spitzbergen. Bei der Fahrt durch das Packeis schlug die Monte Cervantes leck. Mit Hilfe der Besatzung des sich in der Nähe befindlichen sowjetischen Eisbrechers Krassin gelang es, wenige Tage später die Lecks abzudichten. Die Krassin begleitete die Monte Cervantes nach der Reparatur bis Hammerfest, wo sie vom Hochseeschlepper Seefalke übernommen und nach Hamburg geschleppt wurde. 2 Jahre nach ihrer Jungfernreise, am 22. Januar 1930, verließ die Monte Cervantes gegen Mittag die Bucht von Ushuaia, Feuerland, mit dem Ziel Pendegaia. An Bord befanden sich 1117 Passagiere und 330 Mann Besatzung. Der Weg führte durch schmale, aber sehr tiefe Kanäle, vorbei an hohen Bergen. Auf dieser Fahrt lief die Monte Cervantes auf einen bisher unbekannten Unterwasserfelsen auf und schlug leck. Bereits 55 Minuten nach dieser Grundberührung hatten alle Passagiere mit Hilfe von 30 Rettungsbooten das Schiff verlassen. Die Monte Cervantes war unterdessen von der Unglücksstelle abgerutscht und trieb mit Backbordschlagseite im schmalen Eclaireupaß. Am darauffolgenden Tag gelang es, das gesamte Gepäck der Passagiere von Bord zu bringen, die nach großen Bemühungen mit den Rettungsbooten das Ufer erreicht hatten. 800 Passagiere übernahm der argentinische Transportdampfer Vincente Fidel Lopez. Drei Boote mit 150 Personen erreichten Ushuaia. Die Monte Cervantes kenterte am 24. Januar 1930 zusammen mit Kapitän Dreier, dem es als Einzigen nicht gelang, von Bord zu kommen. Versuche einer italienischen Bergungsfirma, das nach erfolgreicher Hebung notdürftig wieder schwimmfähig gemachte Wrack im Jahre 1954 nach Ushuaia zu schleppen, mißglückten.

Foto: Sammlung C. Rothe

ORINOCO Hapag, Hamburg
Bauwerft: Bremer Vulkan Schiffbau- und Maschinenfabrik, Vegesack /
Baunummer: 668 / 9660 BRT / 5478 NRT /
6640 tdw / 146,8 m Länge / 18,5 m Breite /
2 Dieselmotoren / 6800 PS / 14 kn / 2 Schr. /
Passagiere: 165 I., 100 Tour., 106 III. /
Besatzung: 187

Vorgesehen für den Liniendienst der Hapag nach Mittelamerika und Westindien fand die Kiellegung des Schiffes 1927 noch unter dem Namen RIO ORINOCO statt. Als erstes von 2 Schwesterschiffen lief es am 7. Februar 1928 dann aber als ORINOCO vom Stapel, gefolgt im Dezember des gleichen Jahres vom Schwesterschiff MAGDALENA. Nach der Indienststellung der ORINOCO am 15. April trat sie am 21. April 1928 ihre Jungfernreise von Hamburg nach Westindien an. Das Schiff blieb bis 1939 zwischen Hamburg und Westindien in Fahrt. Am 4. März 1933 nahm die ORINOCO neben ihrem Westindien–Dienst, unterstützt ab 1935 durch die IBERIA ex MAGDALENA, den Passagierdienst nach Kuba/Mexiko wieder auf, welcher vorübergehend unterbrochen war. Am 25. August 1939 erreichte das Schiff den Hafen von Tampico, in dem es nach Kriegsbeginn aufgelegt wurde. Die Regierung Mexikos beschlagnahmte am 1. April 1940 in Tampico die ORINOCO und übergab sie nach der Reparatur der von der Besatzung zerstörten Maschine der US Maritime Commission zur Nutzung, die sie, umbenannt in PUEBLA, bis 1946 beschäftigte. Unter mexikanischer Flagge, 1947 für kurze Zeit als OLYMPIA in Dienst, wurde das Schiff im gleichen Jahr in JUAN DE GARAY umbenannt und war bis 1952 für die Cia. Transoceanica Argentine, Buenos Aires, in Fahrt. Ohne Änderung des Namens noch einige Zeit unter Panama-Flagge registriert, wurde das Schiff im März 1961 in Barcelona aufgelegt und im November 1962 begannen die Abbrucharbeiten in Castellon.

Foto: Sammlung C. Rothe

UBENA Deutsche Ostafrika-Linie, Hamburg
Bauwerft: Blohm & Voss, Hamburg /
Baunummer: 482 / 9554 BRT / 5590 NRT /
7555 tdw / 136,9 m reg. Länge / 18,4 m Breite /
1 Getriebeturbine / 4200 PS / 14,0 kn / 1 Schr. /
Passagiere: 126 I., 78 II., 134 III. /
Besatzung: 158

Am 31. März 1928 hatte die UBENA Stapellauf. Am 1. August 1928 wurde sie in Dienst gestellt und danach auf der Route Hamburg – Kapstadt – Durban eingesetzt. Im Jahre 1934 lag die UBENA wieder in ihrer Bauwerft auf, wo sie durch »vorschuhen« auf 142,9 Meter verlängert wurde. Nach diesem Umbau beschäftigte die Deutsche Ostafrika-Linie die UBENA weiter im Dienst zwischen Hamburg bzw. Bremen und Afrika. Kurz vor Beginn des zweiten Weltkrieges, am 30. August 1939, hatte das Schiff in Hamburg festgemacht. Die UBENA diente während des Krieges zuerst in Kiel und ab 1942 in Pillau (Baltisk) der deutschen Kriegsmarine als Wohnschiff. Im Winter 1944/1945 war es an der Evakuierung von Flüchtlingen und Verwundeten aus den deutschen Gebieten des ehemaligen Ostpreußen beteiligt. Ab Februar 1945 beförderte die UBENA auf 7 Fahrten 27170 Menschen in Richtung Westen. Am 17. Juli 1945 mußte das Schiff an Großbritannien abgegeben werden. Als EMPIRE KEN vom Ministry of Transport in Dienst gestellt und bereedert von der Royal Mail Lines, London, diente das Schiff seit Mitte 1945 als Truppentransporter. Unter britischer Flagge war das Schiff, mit einem weißen Rumpfanstrich versehen, überwiegend nach Ostasien beschäftigt. Die EMPIRE KEN wurde 1957 bei W. H. Arnott Young & Co. in Dalmuir abgebrochen. Der Rumpf des Schiffes gelangte im Schlepp noch im Dezember des gleichen Jahres nach Troon, wo Schneidbrenner den ehemaligen Afrika-Liner für den Hochofen vorbereiteten.

Foto: Sammlung C. Rothe

St. Louis Hapag, Hamburg
Bauwerft: Bremer Vulkan Schiffbau- und Maschinenfabrik, Vegesack /
Baunummer: 670 / 16732 BRT / 9637 NRT /
8300 tdw / 174,9 m Länge / 22,1 m Breite /
4 Dieselmotoren / 11000 PS / 16 kn / 2 Schr. /
Passagiere: 276 I., 284 Tour., 416 III. /
Besatzung: 330

Das Motorschiff St. Louis lief am 2. August 1928 vom Stapel und war im März des darauffolgenden Jahres fertiggestellt. Nach ihrer Jungfernreise von Hamburg nach New York, sie begann am 28. März 1929, blieb sie überwiegend im Nordatlantik–Dienst. Neben dem Liniendienst setzte die Reederei die St. Louis aber auch für Kreuzfahrten ein; besonders im Frühling und Herbst zu den Kanarischen Inseln, nach Madeira und nach Marokko. Diese damals sehr beliebten Reisen dauerten zwischen 16 und 17 Tagen, man legte etwa 4500 Seemeilen zurück, und der Fahrpreis bewegte sich zwischen 290,– und 780,– RM. Die St. Louis verließ am 13. Mai 1939 mit dem Reiseziel Kuba ihren Heimathafen Hamburg. An Bord befanden sich 900 jüdische Emigranten. Weder in Kuba noch in den USA erhielten die Passagiere die Erlaubnis, die St. Louis zu verlassen. Das Schiff kreuzte daraufhin mehrere Wochen auf See. Erst als sich Belgien, Frankreich, Großbritannien und die Niederlande zur Aufnahme der Emigranten bereit erklärt hatten, konnten die Passagiere am 17. Juni 1939 in Antwerpen von Bord der St. Louis gehen. Ohne Passagiere verließ das Schiff am 27. August 1939 New York und erreichte am 11. September den sowjetischen Hafen Murmansk. In ihren Heimathafen lief die St. Louis, von Murmansk kommend, erst am 1. Januar 1940 wieder ein. Nach einem Umbau im Mai 1940 in der Marinewerft von Wilhelmshaven nutzte die deutsche Kriegsmarine die St. Louis als Wohnschiff in

Foto: Sammlung C. Rothe

Kiel, wo sie bis auf eine kurze Unterbrechung (von September bis Dezember 1940 in Stettin) stationiert blieb. Während eines Luftangriffes auf Kiel am 30. August 1944 erhielt die St. Louis mehrere Bombentreffer und brannte teilweise aus. Das erheblich beschädigte Schiff wurde auf Strand gesetzt und 1946 nach Hamburg geschleppt. An der Altonaer Landungsbrücke festgemacht, diente die St. Louis der Hamburg-Amerika Linie bis 1950 als Hotelschiff. Danach wurde es nach Bremerhaven zum Abbruch verkauft und dort 1952 abgewrackt.

Foto: Sammlung C. Rothe

EUROPA NDL, Bremen
Bauwerft: Blohm & Voss, Hamburg /
Baunummer: 479 / 49746 BRT / 20307 NRT /
12605 tdw / 286,7 m Länge / 31,1 m Breite /
4 Satz Getriebeturbinen / 105000 PS / 27 kn /
4 Schr. /
Passagiere: 860 I., 500 II., 310 Tour., 600 III. /
Besatzung: 1010

Am 1. Juli 1927 wurde der Kiel des neuen Lloyd-Schnelldampfers gestreckt, und am 15. August 1928 lief die EUROPA vom Stapel. An Bord des am Ausrüstungskai festgemachten Neubaus brach in der Nacht vom 25. zum 26. März 1929 ein Großfeuer aus und verursachte einen Sachschaden von über 18 Mio Reichsmark. Um zu verhindern, daß die EUROPA nach 20 Stunden Löscharbeit durch das eingeflossene Löschwasser kentern würde, flutete man sie und setzte das zum größten Teil ausgebrannte Schiff auf Grund. Am 22. Februar 1930 verließ die EUROPA den Werfthafen und führte vom 15. zum 18. März auf der Strecke Utsire – Fair Islands an der norwegischen Küste ihre Abnahme-Probefahrt durch. Die Übergabe an den NDL erfolgte während dieser Fahrt auf der Höhe von Hornsriff am 17. März 1930. Zu ihrer Jungfernreise mit Kurs auf New York verließ die EUROPA am 19. März 1930 Bremerhaven. In nur 4 Tagen, 17 Stunden und 6 Minuten durchlief sie die Meßstrecke Scilly Rocks – Ambrose Feuerschiff bei einer Durchschnittsgeschwindigkeit von 27,91 Knoten. Mit diesem neuen Geschwindigkeitsrekord errang die EUROPA das »Blaue Band«. Der Schnelldampfer verfügte über eine Turbinenan-

Foto: Sammlung C. Rothe

lage, bestehend aus 4 gleich großen Turbinen-Aggregaten. Jeder Turbinensatz bestand aus einer Hochdruck-, einer Mitteldruck- und einer Niederdruck-Turbine. Die einzelnen Getriebesätze waren voneinander getrennt untergebracht. Die Normalleistung der Antriebsanlage lag bei 105000 PS, die Maximalleistung betrug 136400 PS. Die EUROPA verfügte über ein eigenes Bordflugzeug. Bis 1936 war es eine JU-46, danach soll ein Dornier-Wal-Schwimmerflugzeug zum Einsatz gekommen sein. Im September 1939 lag die EUROPA in ihrem Heimathafen, wo man sie als Wohnschiff für die Kriegsmarine nutzte. Der ehemalige Lloyd-Schnelldampfer, der den Krieg überstand, wurde 1945 von den USA beschlagnahmt. Nach einem Umbau als Truppentransporter für die US Navy lief das Schiff am 13. September 1945 zur ersten Reise unter der Bezeichnung AP 177 mit 6500 Soldaten an Bord von Bremerhaven über Southampton nach New York aus. Am 25. November beförderte das Schiff 5569 und am 17. Dezember 1945 6224 Soldaten über den Atlantik. Am 15. März 1946 verließ es wieder New York mit Ziel Bremerhaven. Im Mai 1946 übergab es die USA an Frankreich. Die nach Le Havre überführte AP 177 riß sich bei einem Sturm am 9. Dezember 1946 los und trieb auf das Wrack des am 18. April 1939 nach einem Brand gekenterten französischen Schiffes PARIS (34550 BRT) zu. Dabei wurde die Außenhaut der ehemaligen EUROPA derart beschädigt, daß sie durch den Wassereinbruch auf ebenen Kiel sank. Nach Abschluß der Bergungsarbeiten am 15. April 1947 kam sie im Schlepp nach St. Nazaire. Hier erfolgte bei Chantiers de Penhoët für 19 Millionen US-Dollar der Umbau. Bei diesen Arbeiten brach an Bord erneut ein Brand aus. Dabei wurden vor allem die Passagierdecks in Mitleidenschaft gezogen. Die Vermessung betrug nach dem Umbau 51839 BRT und 21013 NRT. In den umgebauten Passagiereinrichtungen war Platz für etwa 1500 Fahrgäste. Unter dem Namen LIBERTÉ und als neues Flaggschiff der französischen Staatsreederei Compagnie Générale Transatlantique lief das Schiff am 17. August 1950 zur ersten Reise von Le Havre nach New York aus. Die letzte Atlantiküberquerung der LIBERTÉ endete am 16. November 1961 in Le Havre. Sie wurde verkauft, legte am 25. Januar 1962 in Le Havre ab und erreichte am 30. Januar La Spezia, wo sie abgewrackt wurde.

Foto: Sammlung C. Rothe

BREMEN NDL, Bremen
Bauwerft: Deutsche Schiffs- und Maschinenbau-AG, Werk AG Weser, Bremen (Deschimag) /
Baunummer: 872 / 51656 BRT / 21538 NRT / 14340 tdw / 286,0 m Länge / 31,1 m Breite / 4 Satz Getriebeturbinen / 105000 PS / 27 kn / 4 Schr. /
Passagiere: 800 I., 500 II., 300 Tour., 600 III. /
Besatzung: 1010

Am 18. Juni 1927 war die Kiellegung und am 16. August 1928 der Stapellauf des vierten Schiffes des NDL, das den Namen BREMEN trug. Die Baukosten des am 24. Juni 1929 fertiggestellten Schiffes betrugen 41 Millionen RM, dazu kamen noch 7 Millionen RM für die Innenausrüstung. Die beiden Schornsteine der BREMEN hatten einen Durchmesser von je 6,2 Metern und die 4 Schrauben eine Flügelweite von jeweils 5 Metern. Nach der Indienststellung am 5. Juli 1929 verließ die BREMEN am 16. Juli Bremerhaven zu ihrer Jungfernreise mit dem Kurs New York. Das seinerzeit größte Schiff der deutschen Handelsflotte hatte ein Postflugzeug vom Typ He 12 an Bord, welches mittels einer Katapultanlage etwa 400 Meilen vor New York bzw. auf der Heimreise vor Cherbourg die BREMEN verlassen konnte. Die Laufzeit der Post

Foto: Sammlung C. Rothe

von Bremerhaven nach New York bzw. von New York nach Bremerhaven konnte dadurch erheblich verkürzt werden. Dem Schnelldampfer gelang es, auf der Jungfernreise in 4 Tagen, 18 Stunden und 17 Minuten die Strecke zwischen Cherbourg und New York zurückzulegen. Die BREMEN gewann mit diesem neuen Rekord das »Blaue Band« für Deutschland zurück, welches sich seit über 20 Jahren im Besitz des Cunard-Liners MAURETANIA befand. Im März 1930 mußte die Trophäe an das Schwesterschiff EUROPA abgegeben werden. Im Jahre 1933 erhielt die BREMEN noch einmal für kurze Zeit das »Blaue Band«, das sie jedoch im August des gleichen Jahres an den italienischen Schnelldampfer REX (50100 BRT) verlor. Am 28. August 1939 lief die BREMEN zum letzten Mal im Hafen von New York ein. Aus Gründen der gespannten internationalen Lage sollte sie bereits am nächsten Tag ohne Passagiere die Heimreise antreten. Dieses Vorhaben wurde aber von den US-Behörden vorerst vereitelt, so daß die BREMEN New York nicht vor dem 30. August verlassen konnte. Unter dem Kommando von Kommodore Adolf Ahrens gelang es der Mannschaft, das Schiff unbemerkt nach Murmansk zu bringen, wo es am 6. September 1939 eintraf. Das Lloyd-Schiff verließ den sowjetischen Hafen am 10. Dezember mit dem Ziel, Bremerhaven anzulaufen, was am 13. Dezember 1939 gelang. Hier wurde die BREMEN in den Dienst der Kriegsmarine gestellt, die es zum Wohnschiff mit Liegeplatz Bremerhaven umrüstete. Der Plan, die BREMEN als Transporter beim Unternehmen »Seelöwe« einzusetzen, wurde nicht realisiert. Am 16. März 1941 bemerkte der Zweite Offizier Feuer im Schiff. Jedoch blieben alle Versuche, die BREMEN vor der Vernichtung zu bewahren, erfolglos. Das Schiff brannte völlig aus und wurde in Bremerhaven verschrottet. Erst nach längerer Zeit stellte sich heraus, daß der 15jährige Schiffsjunge Walter Schmidt aus Rache für eine Ohrfeige im Schiff das Feuer gelegt hatte. Ein Kriegsgericht verurteilte ihn zum Tode.

MAGDALENA

MAGDALENA Hapag, Hamburg
Bauwerft: F. Schichau GmbH, Werk Danzig /
Baunummer: 1199 / 9779 BRT / 5499 NRT /
6500 tdw / 140,4 m reg. Länge / 18,5 m Breite /
2 Dieselmotoren / 6800 PS / 15 kn / 2 Schr. /
Passagier: 123 I., 102 II., 106 III. /
Besatzung: 177

Am 23. August 1928 lief die MAGDALENA, ursprünglich war als Name RIO MAGDALENA vorgesehen, in Danzig vom Stapel. Die Hapag stellte das Schiff am 14. Dezember in Dienst und am 29. Dezember 1928 lief die MAGDALENA zur Jungfernreise von Hamburg nach Westindien aus. Auf einer Reise von Puerto Cabello nach Willemstad strandete die MAGDALENA am 8. Februar 1934 vor der Antilleninsel Curaçao. Die Passagiere des Hamburger Schiffes übernahm das niederländische Kanonenboot JOHAN MAURITS VAN NASSAU. Die Bergung der MAGDALENA gelang erst am 28. Mai 1934. Vom Bergungsschlepper SEEFALKE nach Hamburg geschleppt, wurden anschließend die Reparatur und der Umbau des Schiffes auf der Werft von Blohm & Voss in Hamburg vorgenommen. Das nach diesem Umbau nur noch mit einem Schornstein versehene Schiff stellte die Hapag im Februar 1935 als IBERIA in Dienst. Während des zweiten Weltkrieges diente die IBERIA als Wohnschiff der deutschen Kriegsmarine in Kiel. Nach dem Krieg war sie, bis zur Übergabe als Reparationsleistung an die UdSSR am 18. Februar 1946, auch für kurze Zeit Unterkunft für Angehörige der Royal Navy. Umbenannt in POBEDA mit Heimathafen Odessa begann am 15. April 1947 die erste Reise unter sowjetischer Flagge auf der Linie Krim – Kaukasus. Im September 1948 brach auf einer Reise von New York nach Batumi an Bord der POBEDA ein Feuer aus, das nicht nur erhebliche Sachschäden zur Folge hatte, sondern auch Menschenleben forderte. Im Juni 1950 wurde die POBEDA zur Reparatur und Modernisierung nach Wismar geschleppt und im VEB Schiffsreparaturwerft Wismar wiederhergestellt. Bis zur Außerdienststellung im Jahre 1977 war die ehemalige MAGDALENA im Liniendienst und für Kreuzfahrten eingesetzt.

Foto: Sammlung C. Rothe

MILWAUKEE Hapag, Hamburg
Bauwerft: Blohm & Voss, Hamburg /
Baunummer: 16699 BRT / 9612 NRT / 8500 tdw /
175,1 m Länge / 22,1 m Breite / 4 Dieselmotoren /
11000 PS / 16 kn / 2 Schr. /
Passagiere: 270 I., 287 Tour., 416 III. /
Besatzung: 330

Die MILWAUKEE wurde am 20. Februar 1929 vom Stapel gelassen und am 11. Juni des gleichen Jahres fertiggestellt. Nach ihrer Jungfernreise nach New York, die am 18. Juni 1929 in Hamburg begann, setzte die Hamburg–Amerika Linie das Schiff im Nordatlantik–Dienst und gelegentlich für Kreuzfahrten ein. In den Wintermonaten 1935/1936 wurde die MILWAUKEE auf der Bauwerft zum reinen Kreuzfahrtschiff umgebaut, das 559 Passagiere in der ersten Klasse aufnehmen konnte. Als Kreuzfahrtschiff hatte die MILWAUKEE anstatt des ursprünglichen schwarzen einen weißen Rumpfanstrich. Die Gesellschafts- und Wohnräume verteilten sich über 7 Decks. Besondere Erwähnung verdient ein zu jener Zeit neuartiges Kur- und Sportbad, das dem Fahrgast zusätzliche Kuranwendungen bot. Die erste große Hapag-Orientfahrt der MILWAUKEE dauerte vom 4. bis 26. März 1939. Die gesamte Reisestrecke betrug 4110 Seemeilen, der Mindestfahrpreis lag bei 525,– RM.

Von 1940 bis 1945 wohnten auf der MILWAUKEE, die in Kiel ihren Liegeplatz erhielt, Angehörige der deutschen Kriegsmarine. Am 9. Mai 1945 wurde das Schiff an Großbritannien übergeben und erhielt den Namen EMPIRE WAVENEY. Von der Cunard-Line bereedert, diente das Schiff als Truppentransporter dem Ministry of Transport.

Foto: Sammlung C. Rothe

In Liverpool brannte die EMPIRE WAVENEY bei Umbauarbeiten am 1. April 1946 aus und sank. Das Schiff wurde im Mai 1946 gehoben und am 25. Januar 1947 nach Glasgow geschleppt, wo es bei Arnott Young & Co. abgewrackt wurde.

Die MILWAUKEE war das erste Fahrgastschiff mit doppelt wirkenden Dieselmotoren.

Foto: Sammlung C. Rothe

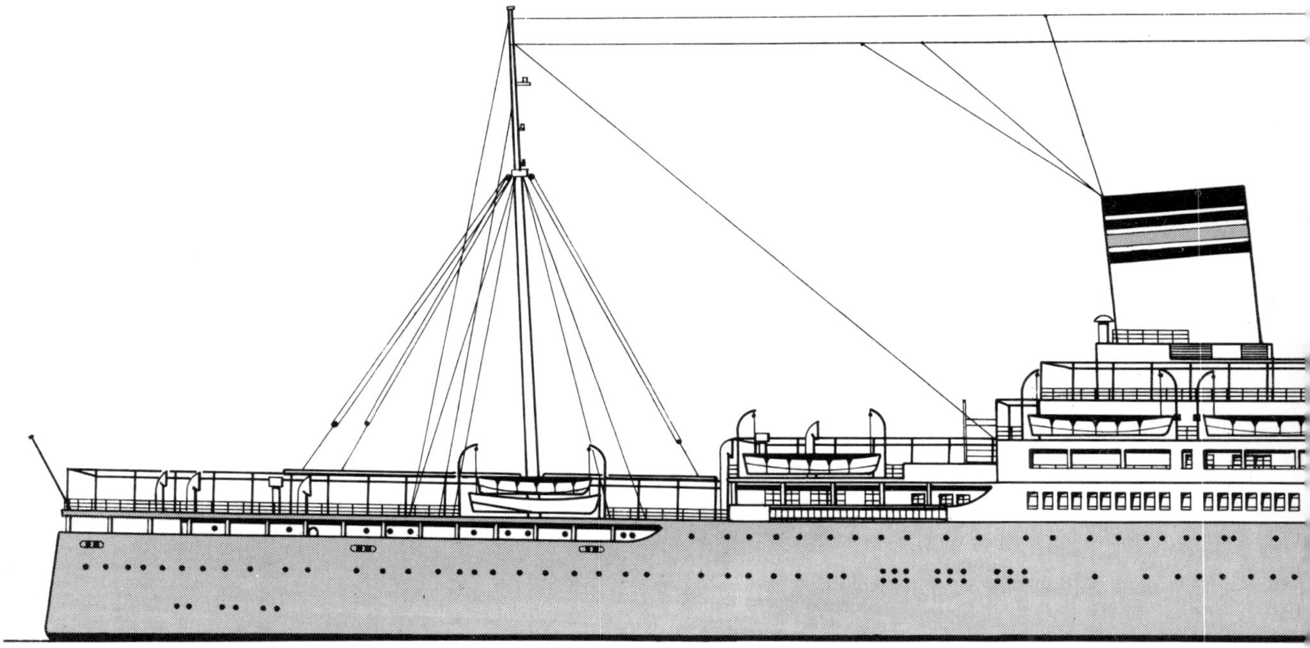

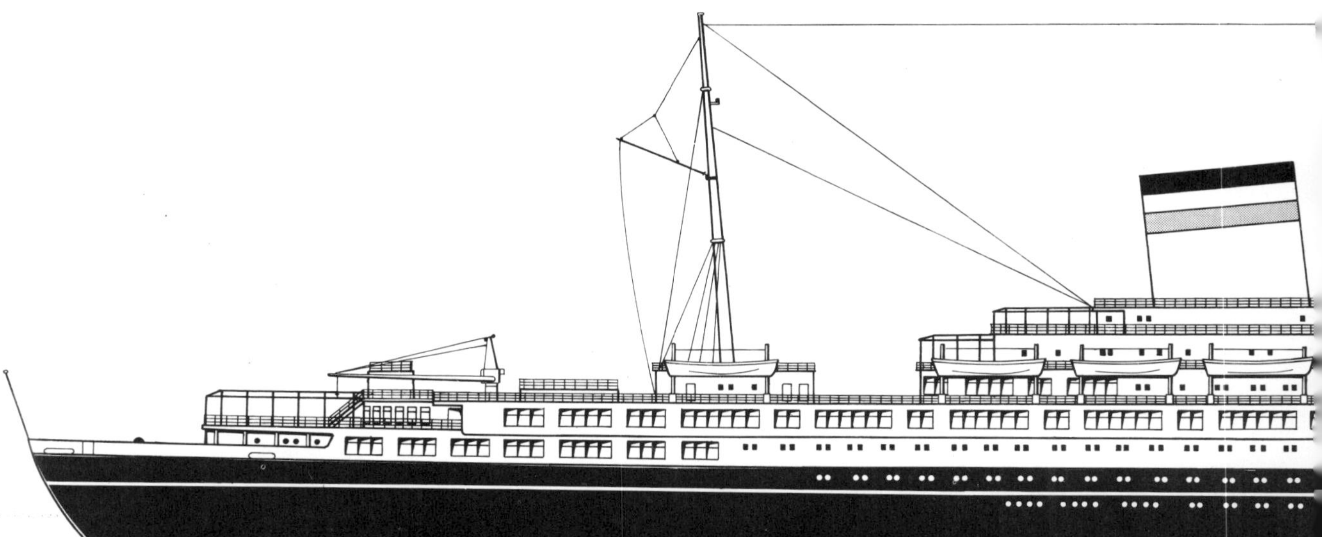

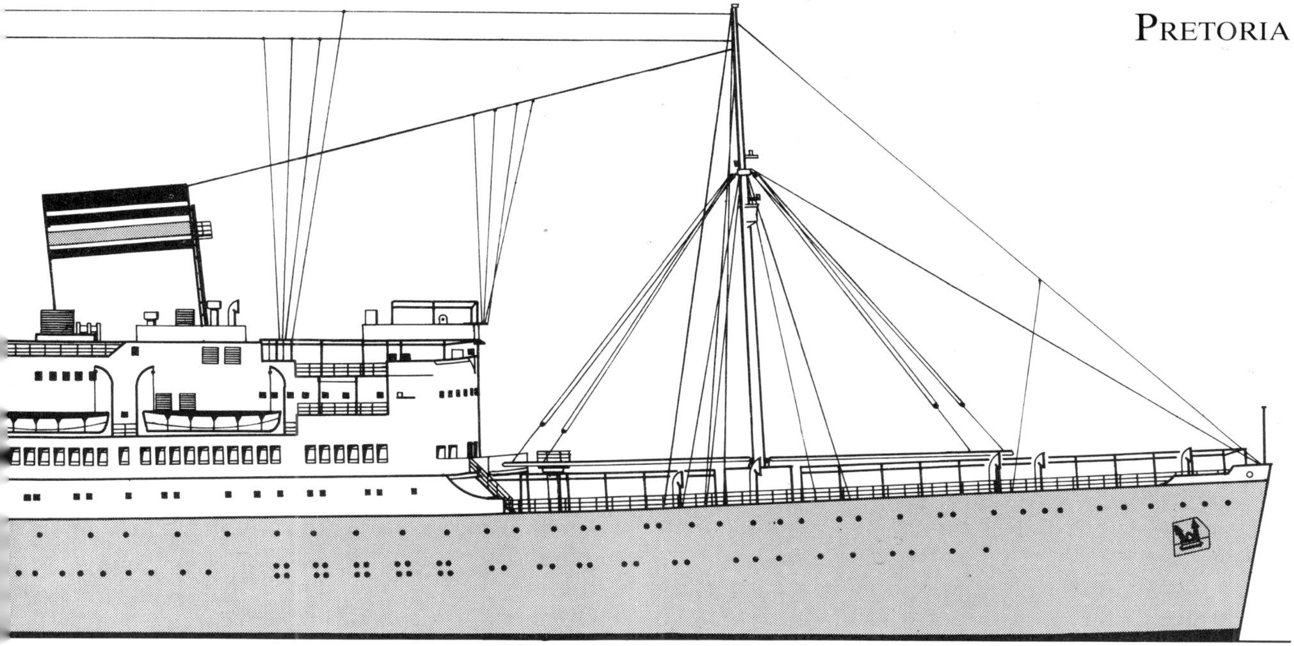

Pretoria

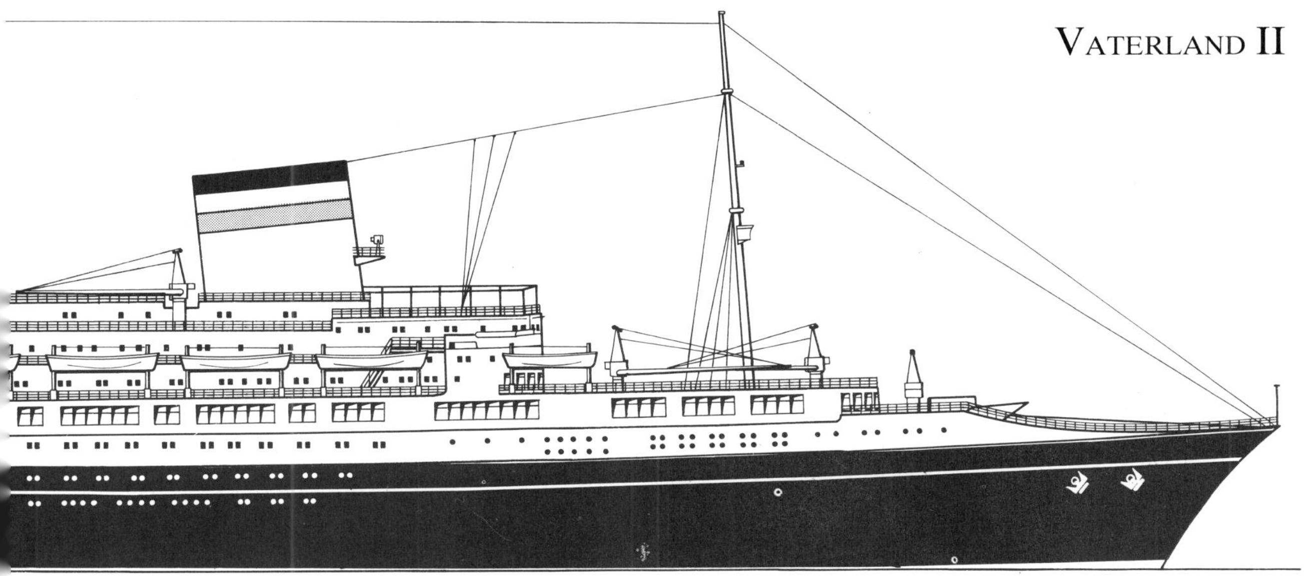

Vaterland II

GENERAL OSORIO Hapag, Hamburg
Bauwerft: Bremer Vulkan Schiffbau- und Maschinenfabrik, Vegesack / Baunummer: 669 / 11 590 BRT / 6729 NRT / 8 500 tdw / 160,8 m Länge / 20,1 m Breite / 2 Dieselmotoren / 7 400 PS / 15 kn / 2 Schr. / Passagiere: 228 II., 752 III. / Besatzung: 196

Die Jungfernreise der GENERAL OSORIO begann am 26. Juni 1929 in Hamburg und führte das Schiff nach Buenos Aires. Es war am 20. März des gleichen Jahres vom Stapel gelassen worden und am 14. Juni fertiggestellt. Die GENERAL OSORIO beteiligte sich am 8. August 1931 an der Bergungsaktion für die Passagiere und Besatzungsmitglieder des vor San Sebastian gestrandeten amerikanischen Passagierschiffes WESTERN WORLD. Am 1. November 1934 wurde sie von der Hamburg-Amerika Linie an die Hamburg-Süd verchartert und im Sommer 1936 an diese Reederei verkauft. Nach der Übernahme des Schiffes in die Flotte der Hamburg-Süd, die ohne Änderung des Namens erfolgte, wurden die beiden Schornsteine verlängert. Die GENERAL OSORIO diente ab 1940 der Kriegsmarine in Kiel als Wohnschiff. Bei einem Luftangriff auf Kiel beschädigten Bombentreffer am 24. Juli 1944 das Schiff so erheblich, daß es mit dem Heck auf Grund sank. Nach der Bergung und der Beseitigung der größten Schäden im Oktober 1944 wurde die GENERAL OSORIO am 9. April 1945 in Kiel erneut durch Bomben getroffen, was zur Folge hatte, daß das Schiff sank. Erst 1947 konnte das Wrack gehoben werden. Es wurde nach Großbritannien geschleppt und in Inverkeithing am Firth of Forth verschrottet.

Foto: Sammlung C. Rothe

STRASSBURG Hapag, Hamburg
Bauwerft: Fijenoord N. V., Rotterdam /
Baunummer: 313 / 17001 BRT / 10062 NRT /
6000 tdw / 174,6 m Länge / 21,4 m Breite /
2 Dieselmotoren / 13000 PS / 18 kn / 2 Schr. /
Passagiere: 236 I., 280 II., 70 III., 48 IV. /
Besatzung: 335

Für den Rotterdamschen Lloyd, Rotterdam, lief am 29. August 1929 die BALOERAN vom Stapel. Am 22. März 1930 fertiggestellt, begann für die BALOERAN wenige Tage später, am 15. April, die Jungfernreise, die von Rotterdam nach Indonesien führte. Während eines Luftangriffs der deutschen Luftwaffe auf Rotterdam am 10. Mai 1940 erlitt die BALOERAN starke Beschädigungen. Die deutsche Kriegsmarine beschlagnahmte noch im gleichen Jahr das Schiff, ließ es reparieren und zum Lazarettschiff umbauen. Am 20. Juli 1941 wurde das inzwischen in STRASSBURG umbenannte Schiff, bereedert durch die Hamburg-Amerika Linie, als Lazarettschiff mit der Bezeichnung Lz (II) eingesetzt. Zur STRASSBURG gehörten 161 Mann Sanitätspersonal, und sie war mit 500 Krankenbetten ausgerüstet. Nördlich von Ijmuiden lief die STRASSBURG am 1. September 1943 auf eine Mine und mußte vor Erreichen des Hafens von Ijmuiden auf Strand gesetzt werden. Eine sofortige Bergung des Schiffes gelang nicht. Im gleichen Monat schossen britische Kriegsschiffe das Wrack der STRASSBURG schrottreif. Das obere Foto zeigt das Schiff als BALOERAN, das untere als Lazarettschiff.

Foto: Sammlung C. Rothe

Foto: Sammlung E. A. Wilson

Tacoma Hapag, Hamburg
Bauwerft: Deutsche Werft AG, Hamburg-Finkenwerder /
Baunummer: 124 / 8268 BRT / 5013 NRT / 10660 tdw / 150,0 m Länge / 19,2 m Breite / 1 Getriebeturbine / 6200 PS / 14 kn / 1 Schr. /
Passagiere: 25 I., 24 III. /
Besatzung: 61

Die Tacoma lief am 8. Februar 1930 vom Stapel und wurde am 17. April des gleichen Jahres von der Hapag in Dienst gestellt. Nur kurze Zeit später folgte die Indienststellung des Schwesterschiffes Vancouver (Baunummer: 125). Mit dem Ziel nordamerikanische Häfen im Stillen Ozean, via Panamakanal, verließ am 19. April 1930 die nur mit einer geringen Platzkapazität für Passagiere ausgerüstete Tacoma ihren Heimathafen zur Jungfernreise. In den folgenden 9 Jahren blieb das Hamburger Schiff im Dienst zur Westküste Nordamerikas. Am 10. September 1939 wurde das Schiff in dem chilenischen Hafen Talcahuano aufgelegt. Am 9. November 1939 verließ die Tacoma diesen südlich von Valparaiso gelegenen Hafen und nahm Kurs nach Montevideo auf. Am 1. Januar 1940 wurde die Tacoma in diesem Hafen interniert, im März 1942 beschlagnahmt und anschließend an die Unitet States Maritime Commission verchartert. Nach vorheriger Beschädigung der Turbinen durch die ehemalige deutsche Besatzung war die Tacoma am Tag der Beschlagnahme nicht fahrbereit und wurde deshalb zur Instandsetzung nach den USA überführt. Ohne Änderung des Namens kehrte das Schiff nach Kriegsende nach Uruguay zurück, wo es im Liniendienst zwischen Uruguay und mehreren europäischen Häfen zum Einsatz kam. Bis zum Juni 1969 lief das Schiff unter uruguayischer Flagge, danach diente die Tacoma als schwimmendes Gefängnis.

Foto: Sammlung C. Rothe

MONTE PASCOAL Hamburg-Süd, Hamburg
Bauwerft: Blohm & Voss, Hamburg /
Baunummer: 491 / 13870 BRT / 7762 NRT /
8400 tdw / 159,7 m Länge / 20,1 m Breite /
4 Dieselmotoren mit Getriebe / 6000 PS / 14 kn /
2 Schr. /
Passagiere: 1372 Tour., 1028 ZwD /
Besatzung: 284

Die MONTE PASCOAL hatte am 17. September 1930 ihren Stapellauf und konnte am 15. Januar des darauffolgenden Jahres in Dienst gestellt werden. Ihre erste große Reise mit Kurs La Plata begann in Hamburg am 26. Januar 1931. Neben dem Liniendienst zwischen Hamburg und Häfen an der südamerikanischen Ostküste setzte die Reederei die MONTE PASCOAL auch gewinnbringend für Kreuzfahrten ein. Vor allem garantierten preiswerte Kurzfahrten eine gute Auslastung dieses Schiffes der Monte-Klasse. Die Hamburg-Süd bot beispielsweise mit der MONTE PASCOAL eine 6tägige London-Reise für nur 65,– RM an. Auch die MONTE PASCOAL gehörte zu jenen Schiffen, denen es zu Beginn des zweiten Weltkrieges gelang, die britische Blockade zu durchbrechen. Sie lief am 14. Oktober 1939, von Buenos Aires kommend, in Hamburg ein. Damit hatte das Schiff seine letzte Reise außerhalb der Nordsee beendet. Im Januar 1940 wurde die MONTE PASCOAL in Wilhelmshaven als Wohnschiff für Angehörige der deutschen Kriegsmarine in Dienst gestellt. Bei einem Bombenangriff auf Wilhelmshaven am 3. Februar 1944 brannte das Schiff nach Bombentreffern aus und sank. Im Mai 1944 gelang es, das Schiff wieder zu heben. Ein Jahr später mußte die MONTE PASCOAL an Großbritannien abgeliefert werden. Das Wrack der MONTE PASCOAL wurde am 31. Dezember 1946 vom britischen Eigner mit einer Ladung Gasmunition im Skagerrak versenkt.

Foto: Sammlung C. Rothe

MONTE ROSA Hamburg-Süd, Hamburg
Bauwerft: Blohm & Voss, Hamburg /
Baunummer: 492 / 13882 BRT / 7762 NRT /
8400 tdw / 159,7 m Länge / 21,0 m Breite /
4 Dieselmotoren mit Getriebe / 6000 PS / 14 kn /
2 Schr. /
Passagiere: 1364 Tour., 1036 ZwD /
Besatzung: 336

Die MONTE ROSA, das letzte der 5 Monte-Schiffe, lief am 4. Dezember 1930 vom Stapel. Die Hamburg-Süd stellte es im März 1931 in Dienst. Nach ihrer Jungfernreise von Hamburg zu den La-Plata-Häfen wurde auch die MONTE ROSA, neben ihrem Liniendienst zu den Häfen der Ostküste Südamerikas, für Vergnügungsreisen eingesetzt. In den Sommermonaten und im Winter erreichte die Reederei damit im Vergleich zur Linienfahrt eine bessere Auslastung der Passagierplätze. Seit dem 11. Januar 1940 diente die MONTE ROSA in Stettin als Wohnschiff der deutschen Kriegsmarine. 1942 kam sie für Truppentransporte nach Dänemark und Norwegen zum Einsatz. Von Oktober 1943 bis zum Frühjahr 1944 war die MONTE ROSA Werkstattschiff für Reparaturarbeiten am Schlachtschiff TIRPITZ in Norwegen. Nach ihrem Einsatz als schwimmende Werkstatt wurde sie wieder als Truppentransporter beschäftigt. Nach einem Minentreffer umgebaut zum Lazarettschiff, kam sie am 15. Januar 1945 unter der Bezeichnung VT/LZ (II) zum Einsatz. Am 16. Februar 1945 lief das Schiff vor Hela (Hel) auf eine Mine und mußte mit Schlagseite nach Gotenhafen (Gdynia) geschleppt werden. Nach der behelfsmäßigen Instandsetzung in Gotenhafen wurde es im Schlepp, mit über 5000 Flüchtlingen und Verwundeten an Bord, nach Kopenhagen gebracht. Die MONTE ROSA wurde im November 1945 von Großbritannien beschlagnahmt und nach ihrem Umbau zum Truppentransporter 1946 unter dem Namen EMPIRE WINDRUSH eingesetzt. Auf einer Reise von Japan nach Großbritannien geriet das Schiff am 28. März 1954 nach einer Explosion im Maschinenraum in Brand, wobei 4 Besatzungsmitglieder den Tod fanden. Nach der Rettung der übrigen Besatzungsmitglieder und Passagiere sank die EMPIRE WINDRUSH am 29. März 1954 vor der algerischen Küste.

Foto: Sammlung C. Rothe

CARIBIA Hapag, Hamburg
Bauwerft: Blohm & Voss, Hamburg /
Baunummer: 493 / 12049 BRT / 6989 NRT /
6100 tdw / 159,8 m Länge / 20,1 m Breite /
2 Diesel / 11500 PS / 17 kn / 2 Schr. /
Passagiere: 206 I., 108 II., 110 Tour. /
Besatzung: 198

Die mit Staatszuschüssen für die Hamburg-Amerika Linie gebaute CARIBIA hatte am 1. März 1932 ihren Stapellauf. Mit diesem Neubau sollten Arbeitsplätze auf der Werft von Blohm & Voss gesichert werden. Die CARIBIA war Anfang Februar 1933 fertiggestellt und lief am 25. Februar 1933 zu ihrer Jungfernreise aus. Wie geplant waren Westindien und Mittelamerika Ziele der ersten großen Reisen des Schiffes. Die Fahrten in südliche Gewässer beendete der zweite Weltkrieg. Ab 1940 wohnten an Bord der CARIBIA Angehörige der deutschen Kriegsmarine. Bis zum Mai 1945 blieb die CARIBIA in Flensburg-Mürwik als Wohnschiff im Einsatz. Danach wurde sie von Großbritannien beschlagnahmt und am 15. Juli 1945 an die USA übergeben. Als Reparationsleistung erhielt 1946 die Sowjetunion das Schiff. Nach umfassenden Überholungs- und Umbauarbeiten setzte die sowjetische Staatsreederei das inzwischen in ILICH umbenannte Schiff auf der Route Wladiwostok – Petropawlowsk sowie zu verschiedenen anderen Fahrten ab Wladiwostok ein. Die Passagierkapazität wurde auf 705 in einer einheitlichen Klasse erhöht. Im Jahre 1980 befand sich die ILICH noch in Fahrt.

Foto: Sammlung C. Rothe

Cordillera

Cordillera Hapag, Hamburg
Bauwerft: Blohm & Voss, Hamburg /
Baunummer: 494 / 12055 BRT / 6902 NRT /
6100 tdw / 159,8 m Länge / 20,1 m Breite /
2 Dieselmotoren / 11500 PS / 17 kn / 2 Schr. /
Passagiere: 206 I., 103 II., 110 Tour. /
Besatzung: 195

Wie bereits vorher das Schwesterschiff Caribia wurde auch die Cordillera mit Staatszuschüssen für die Hamburg-Amerika Linie in Auftrag gegeben, um auf der Bauwerft Arbeitsplätze zu sichern. Nach erfolgreichem Stapellauf am 4. März 1933 konnte das Schiff Ende Juli des gleichen Jahres fertiggestellt und an die Reederei übergeben werden. Am 8. August 1933 wurden in Hamburg die Leinen zur Jungfernreise nach den Kanarischen Inseln losgemacht. Einen Monat später nahm die Cordillera erstmals Kurs zu dem für sie bestimmten Einsatzgebiet Hamburg – Westindien – Mittelamerika. Im September 1939 lief die Cordillera ohne Passagiere den Hafen Murmansk an und kehrte im Februar 1940 nach Hamburg zurück. Von diesem Zeitpunkt an bis zu ihrer Versenkung durch Fliegerbomben am 12. März 1945 in Swinemünde (Swinoujscie) nutzte die Kriegsmarine die Cordillera als Wohnschiff. Von sowjetischen Fachleuten wurde das der UdSSR als Reparation zuerkannte Wrack geborgen. Es traf am 7. Juni 1949 im Schlepp in Warnemünde ein und wurde am 16. Oktober zur Reparatur des Schiffskörpers nach Antwerpen überführt. Nach erfolgter Reparatur übernahm die Warnowwerft in Warnemünde die Umbau- und Modernisierungsarbeiten. Die Passagierplätze wurden auf 900 in einer Klasse erhöht. Umbenannt in Russ mit Heimathafen Wladiwostok verkehrte das Schiff auf der Route Wladiwostok – Petropawlowsk. Im März 1966 eröffnete die Russ die Touristenroute Wladiwostok – Äquator. Das Schiff wurde am 30. Dezember 1977 außer Dienst gestellt und im August 1980 in Großbritannien abgewrackt.

Foto: Sammlung C. Rothe

SCHARNHORST NDL, Bremen
Bauwerft: Deutsche Schiffs- und Maschinenbau AG, Werk AG Weser (Deschimag), Bremen / Baunummer: 891 / 18184 BRT / 10712 NRT / 10500 tdw / 198,7 m Länge / 22,6 m Breite / 2 Turbo-Generatoren / 2 E-Fahrmotoren / 26000 PS / 21 kn / 2 Schr. / Passagiere: 152 I., 144 II. / Besatzung: 281

Speziell für den Einsatz im Schnelldampferverkehr nach Ostasien gab der Norddeutsche Lloyd 1934/35 3 neue Schiffe in Auftrag, die jeweils einen Rauminhalt von über 18000 BRT hatten und eine Dienstgeschwindigkeit von 21 Seemeilen in der Stunde gewährleisteten. Mit diesen Schiffen war es möglich, die Fahrtdauer von Bremen nach Shanghai von 50 Tagen auf 34 zu verkürzen. Als erstes Schiff für diesen neuen Schnellverkehr lief am 14. Dezember 1934 das Turbo-Elektroschiff SCHARNHORST vom Stapel, welches am 3. Mai 1935 seine Jungfernreise von Bremerhaven nach Ostasien antrat. Das Vorschiff der SCHARNHORST war löffelartig gestaltet, auch »Maierform« genannt. Die Passagiere wurden in der I. Klasse in Ein- und Zweibettkabinen und in der II. Klasse in Kabinen für maximal 4 Fahrgäste untergebracht. Die gesamten Einrichtungen des Schiffes entsprachen den Bedürfnissen in tropischen Gebieten. Im September 1939 wurde die SCHARNHORST in Japan aufgelegt und im Juli 1942 an die Regierung Japans verkauft. Zum Flugzeugträger in Kure umgebaut, stellte die japanische Marine im Dezember 1943 das Schiff als JINYO in ihren Dienst. Das U-Boot SPADEFISH der US Navy versenkte die JINYO durch Torpedotreffer am 17. November 1944 140 Meilen nordöstlich von Shanghai.

Foto: Sammlung C. Rothe

POTSDAM Hapag, Hamburg
Bauwerft: Blohm & Voss, Hamburg /
Baunummer: 497 / 17528 BRT / 10109 NRT /
12000 tdw / 193,2 m Länge / 22,6 m Breite /
2 Turbo-Generatoren / 2 E-Fahrmotoren /
26000 PS / 21 kn /2 Schr. /
Passagiere: 227 I., 166 II. /
Besatzung: 275

Die POTSDAM lief am 16. Januar 1935 noch als Hapag-Schiff vom Stapel, wurde aber noch vor ihrer Fertigstellung an den Norddeutschen Lloyd verkauft. Das mit einem Wulstbug versehene Schiff machte am 22. Juni 1935 seine Probefahrt und am 5. Juli 1935 die Jungfernreise von Bremerhaven nach Ostasien. Während des zweiten Weltkrieges diente die POTSDAM vorerst in Hamburg, später in Gotenhafen als Wohnschiff der Kriegsmarine. Anfang 1945 war das Schiff bei der Evakuierung der Halbinsel Hela im Einsatz, bei der es in 7 Einsätzen 53891 Menschen beförderte. Am 20. Juni 1945 mußte die POTSDAM an Großbritannien abgeliefert werden. Sie erhielt den Namen EMPIRE JEWEL und wurde für das Ministry of Transport von der Peninsular & Oriental Steam Navigation Co., London, bereedert und zum Truppentransporter umgebaut. Als EMPIRE FOWEY lag sie im November 1946 im Firth of Forth auf. Die EMPIRE FOWEY befand sich von 1947 bis 1950 auf der Werft von Stephan & Sons in Glasgow, wo sie neue Kessel und Turbinen sowie veränderte Passagiereinrichtungen erhielt. Das kurze Zeit vorher außer Dienst gestellte Schiff wurde im Mai 1960 an die Pan Islamic S. S. Co. nach Karachi verkauft und in SAFINA-E-HUJJAJ umbenannt. Unter diesem Namen verkehrte es als Pilgerschiff zwischen Karachi und Djidda, dem Hafen von Mekka. Außerhalb der Pilgersaison kam die SAFINA-E-HUJJAJ für Fahrten nach Ostasien zum Einsatz. Erst 1976 wurde sie aus finanziellen Gründen außer Dienst gestellt. In einer pakistanischen Abwrackwerft begann im Oktober 1976 die Verschrottung.

Foto: Sammlung C. Rothe

GNEISENAU NDL, Bremen
Bauwerft: Deutsche Schiffs- und Maschinenbau A. G. Werk »Weser« (Deschimag), Bremen / Baunummer: 893 / 18160 BRT / 10712 NRT / 10500 tdw / 198,5 m Länge / 22,6 m Breite / 2 Satz Getriebeturbinen / 26000 PS / 21 kn / 2 Schr. /
Passagiere: 152 I., 144 II. /
Besatzung: 281

Als dritter Neubau für den Ostasien-Schnelldampferverkehr des Norddeutschen Lloyd lief am 17. Mai 1935 die GNEISENAU vom Stapel. Als Bugform wählte man auch bei diesem Schiff die sogenannte »Maierform«. Jedoch hatte die GNEISENAU, entgegen der SCHARNHORST und der POTSDAM, als Antriebsmaschinen Getriebeturbinen, die über Zahnräder auf die Schraubenwelle wirkten. Am 3. Janaur 1936 lief die GNEISENAU zu ihrer Jungfernreise von Bremerhaven nach Ostasien aus. Auch diesem modernen Schiff waren nicht viele Reisen vergönnt. Ab 1940 nutzte es die deutsche Kriegsmarine als Wohnschiff. Nach einem Minentreffer in der Nähe von Gedser am 2. Mai 1943 kenterte die GNEISENAU und sank. Nach Klärung der Besitzansprüche zwischen Dänemark und der UdSSR begann die Verschrottung des Wracks auf See durch eine dänische Bergungsfirma. Diese Arbeiten konnten bis 1954 abgeschlossen werden.

Foto: Sammlung C. Rothe

Pretoria Deutsche Ost-Afrika-Linie, Hamburg
Bauwerft: Blohm & Voss, Hamburg / Baunummer: 506 / 16662 BRT / 9572 NRT / 9800 tdw / 176,0 m Länge / 22,1 m Breite / 8 Getriebeturbinen / 14200 PS / 18 kn / 2 Schr. / Passagiere: 160 I., 380 Touristenklasse / Besatzung: 247

Die Pretoria lief am 16. Juli 1936 vom Stapel. Am 19. Dezember 1936, 8 Tage nach ihrer Fertigstellung, begann ihre Jungfernreise in Hamburg mit Ziel Kapstadt. Auch diesem formschönen und schnellen Schiff war nur eine kurze Einsatzzeit im Liniendienst von Deutschland via Kapstadt nach Lourenço Marques (Moçambique) beschieden. Die deutsche Kriegsmarine nutzte es ab 1939 als Wohnschiff. Am 22. Februar 1945 wurde die Pretoria unter der Bezeichnung Lz (II) als Lazarettschiff in Dienst gestellt. Im April 1945 gehörte die Pretoria zu jenen Schiffen, die sich an der Evakuierung von Truppen und Flüchtlingen aus den ehemaligen deutschen Ostgebieten beteiligten. Im Mai 1945 mußte sie an Großbritannien abgegeben werden. Unter dem Namen Empire Doon kam sie ab Oktober 1945 als Truppentransporter für das Ministry of Transport, bereedert von der Orient Line, London, zum Einsatz. Nach umfangreichen Umbauarbeiten in den Jahren 1948 bis 1949 hatte es eine Vermessung von 18036 BRT. 1949 wurde es in Empire Orwell umbenannt. 1958 charterte die Pan Islamic S. S. Co.,

Foto: Sammlung C. Rothe

Karachi, das Schiff, das durch Ankauf ab November 1958 der Blue Funnel Line, Liverpool, gehörte. Als GUNUNG DJATI lief das Schiff im März 1959 zur ersten Reise von Indonesien nach Djidda aus. Nach einem erneuten Umbau 1958 bei Barclay, Curle & Co. in Glasgow konnte es 106 Passagiere in der I. und 2000 in der III. Klasse aufnehmen, was für die Reisen mit Pilgern sehr vorteilhaft war.

Neuer Eigner war von 1964 bis 1966 die Pelni Line (National Indonesian Navigation Company), danach übernahm die P. T. Perusahaan Peleyaran Arafat, Djakarta, das Schiff. Während eines Umbaus bei Hong Kong United Dockyards im Jahre 1973 erhielt die GUNUNG DJATI als Antriebsmaschinen Dieselmotoren mit zusammen 12000 PS Leistung.

Die letzte Umbenennung erfolgte für den Einsatz als indonesischer Truppentransporter 1979 in KRI TANJUNG PANDAN.

Foto: Sammlung C. Rothe

WINDHUK Woermann-Linie, Hamburg
Bauwerft: Blohm & Voss, Hamburg /
Baunummer: 507 / 16662 BRT / 9580 NRT /
9800 tdw / 176,0 m Länge / 22,1 m Breite /
8 Getriebeturbinen / 14200 PS / 18 kn / 2 Schr. /
Passagiere: 160 I., 380 Touristenklasse /
Besatzung: 247

Die WINDHUK wurde am 15. Oktober 1936 vom Stapel gelassen und am 10. März 1937 fertiggestellt. Zu ihrer Jungfernreise von Hamburg nach Kapstadt lief sie am 15. März 1937 aus. Die WINDHUK war neben der PRETORIA der Deutschen-Ost-Afrika-Linie das größte deutsche Passagierschiff in der Afrika-Fahrt. Zum Beginn des zweiten Weltkrieges lag die WINDHUK im angolanischen Hafen Lobito, den sie im Dezember 1939 mit dem Ziel Brasilien verließ. Mit einem geänderten Anstrich erreichte das Schiff im gleichen Monat den Hafen Santos in Brasilien und wurde dort interniert. Die brasilianische Regierung beschlagnahmte die WINDHUK am 29. Januar 1942 und verkaufte sie am 12. Mai des gleichen Jahres an die US Navy. Das Schiff wurde umgebaut, der hintere Schornstein entfernt und im März 1943 als Truppentransporter LEJEUNE in Dienst gestellt. Von Februar 1948 bis August 1966 lag es als Reserveschiff in Tacoma (USA) und wurde im August 1966 zum Abwracken verkauft.

Foto: Deutsche Afrika-Linien

WILHELM GUSTLOFF Deutsche Arbeitsfront (DAF)
Bauwerft: Blohm & Voss, Hamburg /
Baunummer: 511 / 25484 BRT / 17350 NRT /
5750 tdw / 208,5 m Länge / 23,6 m Breite /
4 Dieselmotoren mit Getriebe / 9500 PS / 15 kn /
2 Schr. /
Passagiere: 1460 Tour. (248 Zwei- und 241 Vier-Bettkabinen) /
Besatzung: 426

Die Kiellegung des speziell für KdF–Reisen geplanten Schiffes fand am 4. August 1935 statt. Die WILHELM GUSTLOFF lief am 5. Mai 1937 für die DAF in Hamburg vom Stapel. Am 15. März 1938 wurde das Schiff in Dienst gestellt und konnte am 16. März zur ersten Probefahrt in die Nordsee auslaufen, wo auch die Übergabe stattfand. Bereedert von der Hamburg-Süd wurde die WILHELM GUSTLOFF am 2. April 1938 zu ihrer Jungfernreise, einer Kreuzfahrt in die Nordsee, in Hamburg abgefertigt. Kurz vor Beginn des zweiten Weltkrieges hielt sich das Schiff vorrangig in Swinemünde auf. Die Kriegsmarine übernahm die WILHELM GUSTLOFF unmittelbar nach Ausbruch des zweiten Weltkrieges und setzte sie vom 10. September 1939 bis zum 20. November 1940, ausgerüstet mit 500 Krankenbetten, als Lazarettschiff mit der Bezeichnung Lz (II) ein. Danach diente das Schiff in Gotenhafen Angehörigen der Kriegsmarine als schwimmende Wohnunterkunft. Die WILHELM GUSTLOFF verließ am 30. Januar 1945 mit 6100 Flüchtlingen an Bord Gotenhafen. Im Bereich der Stolper Bank wurde die WILHELM GUSTLOFF am 30. Januar 1945 von 3 Torpedos des sowjetischen U-Bootes S-13 getroffen. Das Schiff kenterte und sank. Nur 904 Personen überlebten die Katastrophe.

Foto: Blohm + Voss AG

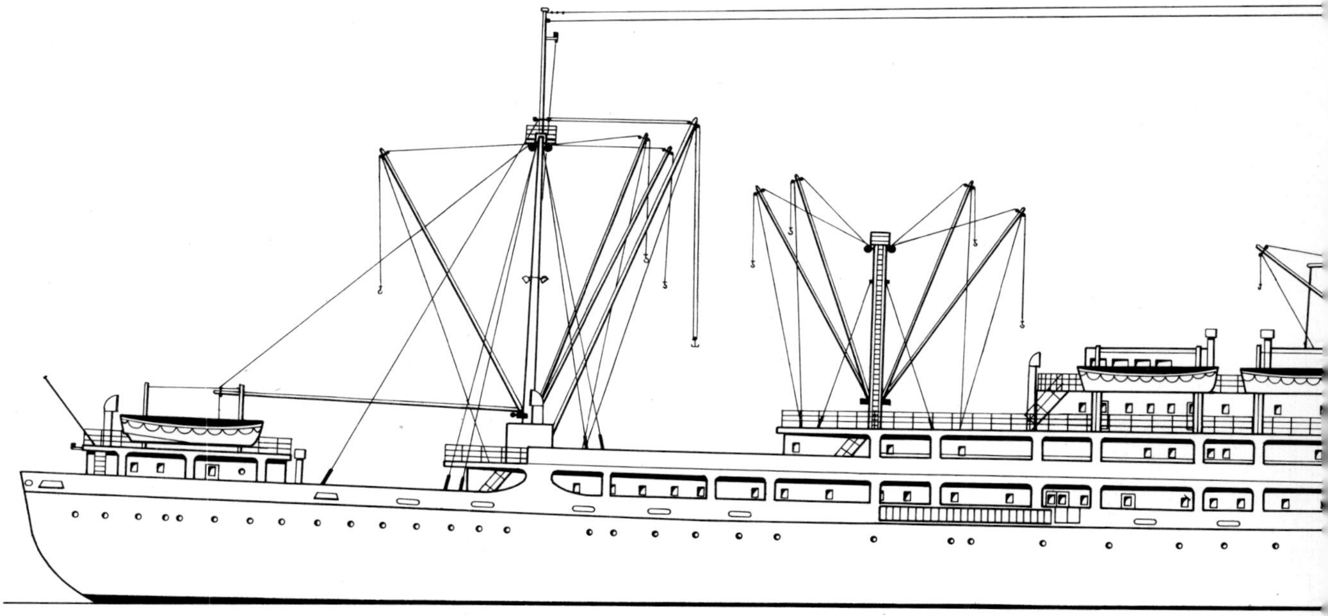

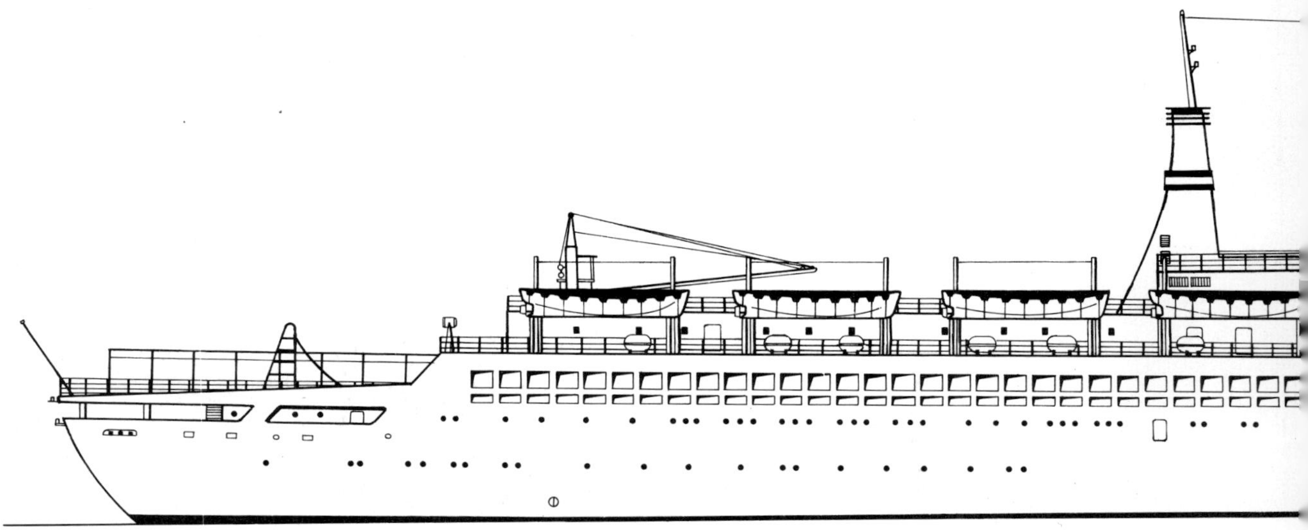

Georg Büchner

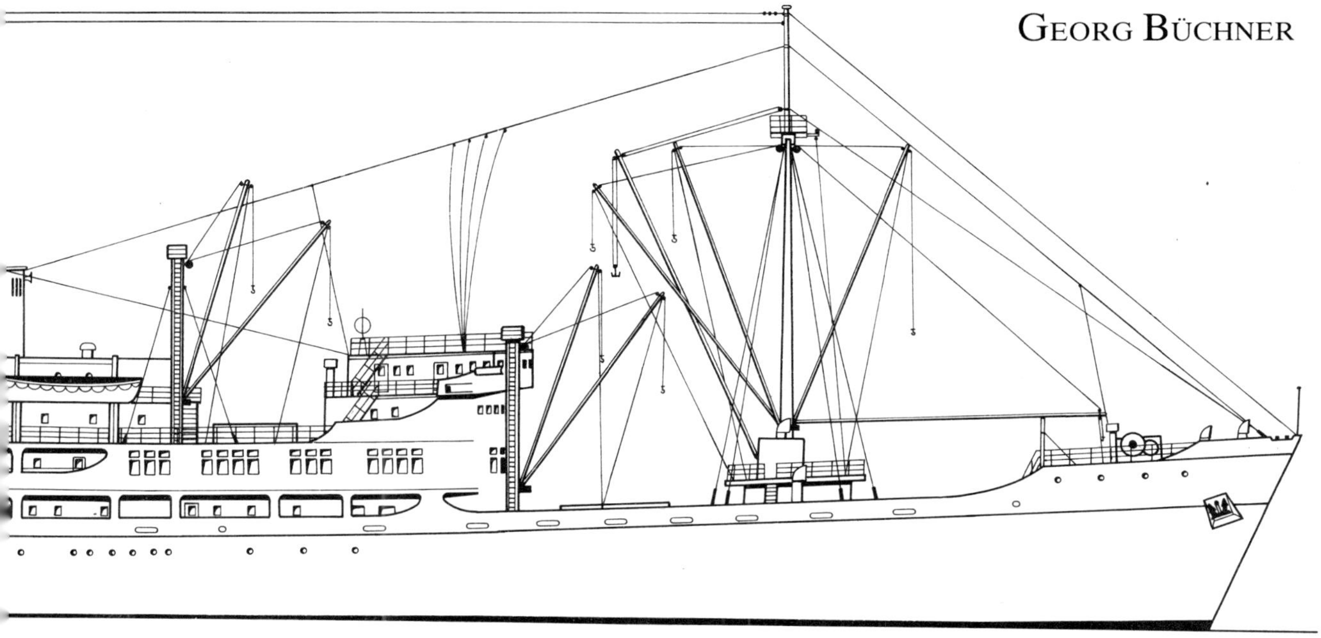

Fritz Heckert

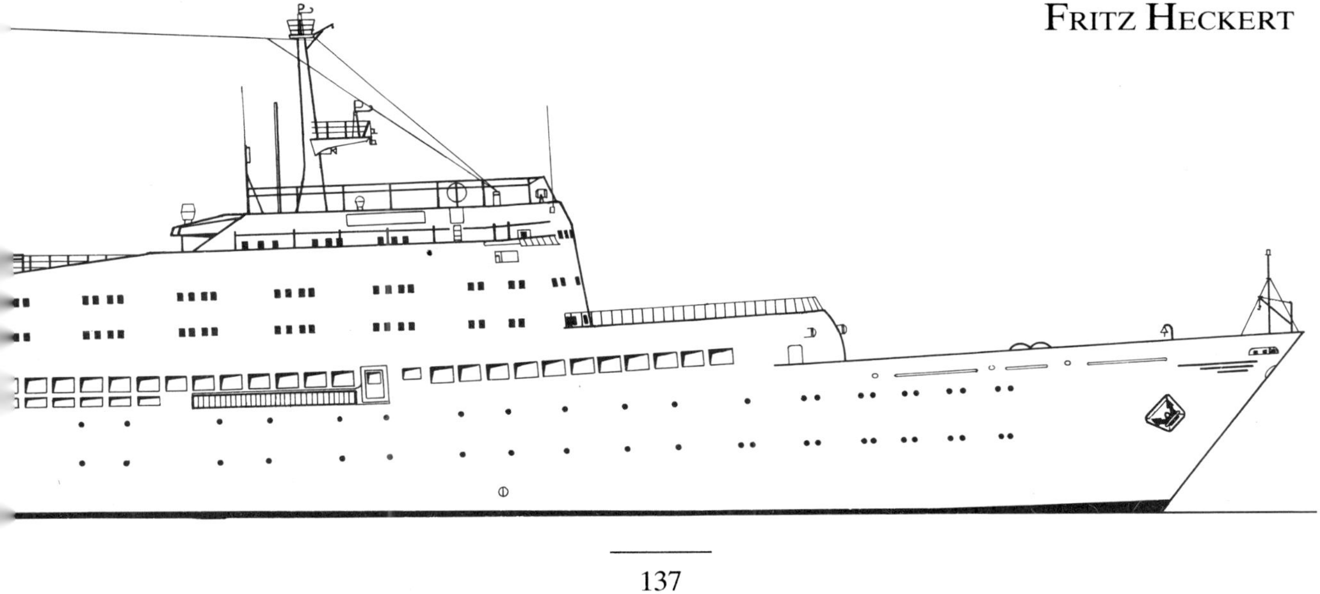

Patria Hapag, Hamburg
Bauwerft: Deutsche Werft AG, Hamburg-Finkenwerder /
Baunummer: 174 / 16595 BRT / 9292 NRT / 6800 tdw / 182,2 m Länge / 22,5 m Breite / 6 Dieselmotoren / 6 Generatoren / 2 Fahrmotoren / 15000 PS / 17 kn / 2 Schr. / Passagiere: 185 I., 164 Tour. / Besatzung: 241

Das erste große Passagierschiff mit diesel-elektrischem Antrieb lief am 15. Januar 1938 vom Stapel und konnte am 8. Juli 1938 zur Probefahrt auslaufen. Nach 2 Kreuzfahrten lief es am 27. August 1938 zur Jungfernreise von Hamburg via Panama zur Westküste Südamerikas aus. Von 1940 bis 1942 befand sich die Patria in Stettin, wo sie als schwimmendes E-Werk und Wohnschiff diente. Im Jahre 1942 wurde die Patria als Wohnschiff für die Kriegsmarine nach Flensburg verlegt. Im Mai 1945, nach dem Tod Hitlers, diente die Patria in Flensburg als Sitz der deutschen Reichsregierung unter Großadmiral Dönitz. Am 1. Juli 1945 beschlagnahmte die britische Militärbehörde das Schiff und nannte es in Empire Welland um. Noch mit Tarnanstrich fuhr das nunmehr britische Schiff von Kiel aus durch den Nord-Ostsee-Kanal nach Nordirland, wo es bei Harland & Wolff in Belfast zum Truppentransporter umgebaut wurde. Nach nur 2 Reisen für das Ministry of Transport erfolgte im Februar 1946 die Übergabe des Schiffes an die UdSSR. Unter sowjetischer Flagge und umbenannt in Rossia begann die erste Reise von Liverpool nach New York. Seit 1948 setzte die sowjetische Schwarzmeer-Reederei Odessa die Rossia im Liniendienst Odessa – Batumi und für Ausflugsfahrten auf dem Schwarzen Meer ein. Die Rossia war 1979 noch in Fahrt.

Foto: Sammlung C. Rothe

ROBERT LEY Deutsche Arbeitsfront (DAF)
Bauwerft: Howaldtswerke AG, Kiel (Werk Hamburg) /
Baunummer: 754 / 27288 BRT / 17762 NRT / 5340 tdw / 203,6 m Länge / 24,1 m Breite / 6 Dieselmotoren / 8800 PS / 15 kn / 2 Schr. /
Passagiere: 1510 Tour. /
Besatzung: 435

Nur wenige Tage nach der Indienststellung der WILHELM GUSTLOFF lief am 29. März 1938 der zweite, etwas größere Neubau für zukünftige KdF-Reisen, die ROBERT LEY, vom Stapel. Ebenso wie die WILHELM GUSTLOFF gehörte auch dieses Schiff der Deutschen Arbeitsfront, wurde aber bis zum Ende des zweiten Weltkriegs von der Hapag bereedert. Am 24. März 1939 lief die ROBERT LEY zur Probefahrt aus. Das Kreuzfahrtprogramm des neuen KdF-Schiffes war der Zeit entsprechend nicht sehr umfangreich, denn der Beginn des zweiten Weltkrieges verhinderte den Einsatz für Erholungszwecke. Bereits im Juni 1939 war die ROBERT LEY für Kriegszwecke im Einsatz. Sie transportierte am 4. Juni 1939 Angehörige der Legion Condor von Spanien nach Deutschland zurück. Im August 1939 vorerst in Hamburg aufgelegt, wurde das Schiff am 25. September 1939 mit 504 Krankenbetten ausgerüstet und unter der Bezeichnung Lz (II) in Gotenhafen (Gdynia) als Lazarettschiff in Dienst gestellt. Ab 22. November 1939 nutzte die deutsche Kriegsmarine die ROBERT LEY in Gotenhafen als Wohnschiff. Das Schiff erhielt später in Pillau einen neuen Liegeplatz und wurde in den letzten Kriegsmonaten als Transporter bei der Evakuierung der deutschen Ostgebiete eingesetzt. Am 24. März 1945 trafen während eines Luftangriffs auf Hamburg Brandbomben die ROBERT LEY. Dabei erlitt das Schiff schwere Schäden, und unter den an Bord befindlichen Flüchtlingen und Besatzungsangehörigen waren viele Opfer zu beklagen. Das Wrack der ROBERT LEY wurde im Juni 1947 nach England geschleppt und in Inverkeithing verschrottet.

Foto: Sammlung C. Rothe

THEODOR KÖRNER VEB Deutsche Seereederei, Rostock
Bauwerft: J. Cokerill S. A., Hoboken (Belgien) / Baunummer: 654 / 7897 BRT / 3580 NRT / 8878 tdw / 140,15 m Länge / 18,7 m Breite / 1 Dieselmotor / 6000 PS / 14 kn / 1 Schr. / Passagiere: 178 Matrosenlehrlinge und Ausbilder / Besatzung: 74

Als COPACABANA lief 1938 das Schiff für die Cie. Maritime Belge (Lloyd Royal) S. A., Antwerpen, vom Stapel. Im gleichen Jahr konnte die Reederei die COPACABANA in Dienst stellen. Sie wurde wie ihr Schwesterschiff MAR DEL PLATA im Liniendienst von Belgien nach Südamerika und zur ehemaligen belgischen Kolonie Belgisch-Kongo (Zaire) eingesetzt. Als Hauptmaschine hatte der vollgenietete Schutzdecker einen doppeltwirkenden 2-Takt-5-Zylinder-Dieselmotor. Die COPACABANA gelang im Jahre 1958 aus Mitteln der Steckenpferd-Bewegung in den Besitz des VEB Deutsche Seereederei, Rostock. In THEODOR KÖRNER umbenannt lief sie bis 1968 als Lehr- und Frachtschiff auf der Route Rostock – Mittelamerika. Im Jahre 1968 an die Altis Cia. Nav. S. A., Famagusta, verkauft, erhielt es den Namen MEDI II. Am 23. Dezember 1972 traf die MEDI II zum Abbruch in Kaohsiung (Taiwan, auch Gaoxiong) ein.

Foto: E. Schäfer

Heinrich Heine VEB Deutsche Seereederei, Rostock
Bauwerft: J. Cockerill S. A., Hoboken (Belgien) / Baunummer: 656 / 7666 BRT / 3643 NRT / 8878 tdw / 140,15 m Länge / 18,7 m Breite / 1 Dieselmotor / 6000 PS / 14 kn / 1 Schr. / Passagiere: 178 Matrosenlehrlinge und Ausbilder / Besatzung: 74

Nach dem Stapellauf 1938 als Mar del Plata für die Cie. Maritime Belge (Lloyd Royal) S. A., Antwerpen, stellte die Reederei das Schiff nach der Ablieferung am 17. September 1938 in den Antwerpen – La-Plata-Dienst ein. Die Mar del Plata war ein vollgenieteter Schutzdecker mit 5 Decks, davon 3 durchlaufend und eingerichtet für 136 Fahrgäste in zwei Klassen. Nach der Beschlagnahme durch die deutsche Kriegsmarine im Juni 1940 in Bordeaux erhielt die Hamburg-Süd die Mar del Plata zur Bereederung. In den letzten Kriegsmonaten war das Schiff an der sogenannten »Aktion Rettung« beteiligt. Nach der Rückgabe an die ursprüngliche Reederei in Belgien im Mai 1945 wurde die Mar del Plata auf der Vorkriegsroute und auch im Liniendienst Belgien – Belgisch-Kongo (Zaire) beschäftigt. Aus Mitteln der Steckenpferd-Bewegung kaufte 1958 der VEB Deutsche Seereederei, Rostock, das Schiff und stellte es, umbenannt in Heinrich Heine, als Lehr- und Frachtschiff in Dienst. Die erste Reise als schwimmende Betriebsschule führte die Heinrich Heine ins Mittelmeer. Die folgenden 10 Jahre war sie in der gleichen Funktion vorwiegend im Dienst Rostock – Mittelamerika beschäftigt. Neuer Eigner des Schiffes wurde nach dem Verkauf 1968 die Loyna Cia. Nav. S. A., Famagusta, die es in Cleo 2 umbenannte. Am 25. Januar 1973 traf die Cleo 2 zum Abbruch in Kaohsiung (Taiwan, auch Gaoxiong) ein.

Foto: E. Schäfer

Swakopmund Deutsche Afrika-Linie, Hamburg
Bauwerft: Blohm & Voss, Hamburg /
Baunummer: 521 / 6133 BRT / 3139 NRT /
117,6 m Länge / 16,0 m Breite /
2 III-Exp. mit Abdampfturbinen / 4600 PS /
15,5 kn / 2 Schr. /
Passagiere: vorgesehen ca. 630 in I., II., Tour. und III. /
Besatzung: 87

Das für einen türkischen Auftraggeber bestimmte Schiff lief am 25. Mai 1939 als Egemen bei Blohm & Voss vom Stapel. Der Ausbruch des zweiten Weltkrieges verhinderte jedoch die vorgesehene Ablieferung an die Türkei. Nachdem die Egemen am 20. Dezember 1939 von ihrer Probefahrt kommend am Werftkai von Blohm & Voss festgemacht hatte, lag sie dort bis 1941 auf. Umbenannt in Swakopmund erfolgte am 15. März des gleichen Jahres die Übernahme durch die Deutsche Afrika Linie und die anschließende Umrüstung zum Hilfszielschiff. Danach übernahm die Kriegsmarine das Schiff und ordnete es einer U-Boot-Flottille zu. Auch die Swakopmund zählte zu jenen Schiffen, die als Transporter bei der Zwangsevakuierung der ehemaligen deutschen Gebiete Ostpreußens im Frühjahr 1945 im Einsatz waren. Während eines Luftangriffs am 3. Mai 1945 erhielt die Swakopmund bei einem alliierten Luftangriff einen Bombentreffer und sank in der Mecklenburger Bucht nahe der Insel Fehmarn.

Foto: Sammlung C. Rothe

ORANJEFONTEIN

ORANJEFONTEIN Deutsche Afrika-Linie, Hamburg
Bauwerft: P. Smit Jr N. V., Rotterdam / Baunummer: 532 / 10544 BRT / 6299 NRT / 10000 tdw / 160,6 m Länge / 19,1 m Breite / 2 Burmeister & Wain-Diesel / 11500 PS / 17 kn / 2 Schr. /
Passagiere: 100 I., 60 Touristenklasse / Besatzung: 100

Das für den Einsatz auf der Route Rotterdam – Afrika bestimmte Schiff lief am 21. März 1940 vom Stapel. Auftraggeber war die Vereenigde Nederlandsche Scheepvaart My., 's-Gravenhagen. Die am 20. Dezember 1940 fertiggestellte ORANJEFONTEIN wurde am 17. März 1941 von der deutschen Kriegsmarine beschlagnahmt und bei einem Angriff alliierter Bomber, am 28. August 1941, in Rotterdam schwer beschädigt. Nach der Überführung nach Deutschland diente das Schiff, das von der Deutschen Afrika-Linie bereedert wurde, als Zielschiff für die Kriegsmarine und Luftwaffe. Im Juli 1945 erhielt die niederländische Reederei ihr Schiff zurück, die es anschließend in Newcastle reparieren und überholen ließ. Bis zum geplanten Einsatz nach afrikanischen Häfen wurde es in Indonesien erst völlig instand gesetzt. Eine Abwrackwerft in Spanien war 1967 die letzte Station des Schiffes.

Foto: Sammlung C. Rothe

Völkerfreundschaft Freier Deutscher Gewerkschaftsbund (FDGB)
Bauwerft: A/B Götaverken, Göteborg / Baunummer: 611 / 12443 BRT / 6555 NRT / 4775 tdw / 160,1 m Länge /21,0 m Breite / 2 Dieselmotoren / 12000 PS / 19 kn / 2 Schr. / Passagiere: 568 in einer Klasse / Besatzung: 219

Am 9. September 1946 lief das Schiff als Stockholm für die Svenska Amerika Linjen, Göteborg, vom Stapel. Die Stockholm war nach ihrer Fertigstellung im Februar 1948 das erste neu gebaute Passagierschiff der Welt nach dem zweiten Weltkrieg. Die Jungfernreise der Stockholm von Göteborg nach New York begann am 21. Februar 1948. Mit 537 Passagieren an Bord kollidierte sie, etwa 100 Seemeilen vor New York, am 25. Juli 1956 im Nebel mit dem Passagierschiff Andrea Doria (29000 BRT) der Italia Line, Genua. Das mit 1134 Passagieren besetzte italienische Schiff sank nach dieser Kollision, wobei 47 Menschen den Tod fanden. Auf der Stockholm waren 6 Tote zu beklagen. Das schwedische Schiff erreichte trotz schwerer Schäden mit eigener Kraft New York. An Bord hatte es 500 Gerettete von der Andrea Doria. Nach Abschluß der Reparaturarbeiten bei Bethlehem Steel Co., Pennsylvania (USA) besaß die Stockholm ein völlig neues Vorschiff. Am 5. November 1956 wurde das Schiff wieder in Dienst gestellt. Im Jahre 1959 zum Verkauf angeboten, erwarb der Freie Deutsche Gewerkschaftsbund aus Mitteln der Steckenpferdbewegung das Schiff. Am 3. Januar 1960, zum 84. Geburtstag von Wilhelm Pieck, wurde das erste Hochsee-Urlauberschiff der DDR unter dem Namen Völkerfreundschaft in Dienst gestellt. Am 24. Februar 1960 lief es zur ersten Reise unter DDR-Flagge mit

Foto: E. Schäfer

Kurs Constanta aus Warnemünde aus. 1961 durchbrach die Völkerfreundschaft als eines der ersten Schiffe den Blockadering der USA um Kuba. Im Sommer 1962 brachte die Völkerfreundschaft die Delegation der DDR zu den VIII. Weltfestspielen der Jugend und Studenten nach Helsinki. In Helsinki diente sie während dieser Zeit als schwimmendes Hotel und Festivalclub für die FDJ-Delegation der DDR. Die Völkerfreundschaft wurde vorrangig für den FDGB-Feriendienst und das DDR-Reisebüro eingesetzt. In den Sommermonaten verkehrte das Schiff überwiegend auf der Ost- und Nordsee, vor allem nach Leningrad, Tallin, Riga und Gdynia. Im Winter war es für Reisen zum Mittelmeer, nach Westindien und zum Schwarzen Meer in Fahrt. Die Völkerfreundschaft wurde aber auch für Sonderfahrten von Betrieben und Institutionen der DDR und von ausländischen Schiffahrtsunternehmen gechartert. Vor allem die schwedische Stena Line charterte die Völkerfreundschaft oft für Kreuzfahrten nach Westindien und zum Mittelmeer. Seit ihrer Indienststellung legte die Völkerfreundschaft über 1,7 Millionen Seemeilen zurück und beförderte auf 428 Reisen über 200000 Passagiere. In ihrer 25jährigen Dienstzeit, bereedert von 1960 bis 1974 vom VEB Deutsche Seereederei Rostock und von 1974 bis 1985 vom VEB Deutfracht/Seereederei Rostock, lief das Schiff mehr als 100 Häfen in allen Teilen der Welt an. Die letzte Reise der Völkerfreundschaft wurde gemeinsam mit der schwedischen Stena Line unternommen und führte nach Westindien. Diese letzte Kreuzfahrt begann am 21. Dezember 1984 und endete am 24. Januar 1985. Im Juni 1985 lag die Völkerfreundschaft mit gelb übermaltem Schornstein einige Zeit auf Reede vor Warnemünde und lief nach ihrem Verkauf am 27. Juni 1985 zum letzten Mal aus Warnemünde aus. Anfang 1986 lag sie ohne Namen in Holmestrand in Norwegen auf und seit März des gleichen Jahres als Volker in Southampton. Anfang 1987 kam das Schiff wieder nach Norwegen, wo es als Fridtjof Nansen im Osloer Hafen als Wohnschiff dient.

J. G. Fichte

J. G. Fichte VEB Deutsche Seereederei, Rostock
Bauwerft: Ateliers et Chantiers de la Loire, St. Nazaire /
11045 BRT / 4123 NRT / 9331 tdw /
163,4 m Länge / 19,6 m Breite / 2 Dieselmotoren /
1000 PS / 15 kn / 2 Schr. /
Passagiere: 289 Matrosenlehrlinge und Ausbilder /
Besatzung: 109

Am 31. Oktober 1948 lief das Schiff als Claude Bernard für die Cie. Maritime de Chargeurs Réunis, Le Havre, vom Stapel. Im Februar 1950 folgte die Fertigstellung und Indienststellung. Die Claude Bernard gehörte zur Lavoisier-Klasse, war mit 12021 BRT vermessen und verfügte über eine Passagierkapazität von 94 Plätzen in der I. und 230 in der II. Klasse. Am 18. März 1950 verließ das Schiff seinen Heimathafen Le Havre zur Jungfernreise nach Buenos Aires. Bis 1962 blieb die Claude Bernard im Südamerika-Dienst, war jedoch auch im Afrika-Dienst eingesetzt. Am 7. August 1962 übernahm der VEB Deutsche Seereederei, Rostock, die Claude Bernard und nannte sie in J. G. Fichte um. Dieses Schiff wurde als 3. Lehr- und Frachtschiff der DSR in Dienst gestellt und im Liniendienst DDR – Kuba/Mexiko (Cubalco), ein Gemeinschaftsdienst seit 1962 mit dem Empresa Navigation Mambisa, der Polskie

Linie Ozeaniczne und der Československa Namorni Plavba, beschäftigt. Neben Matrosenlehrlingen, die jeweils das erste Lehrjahr an Bord der J. G. FICHTE verbrachten, erhielten auch angehende nautische Offiziere und Funkoffiziere an Bord eine praktische und theoretische Ausbildung.

Im Mai 1979 war die J. G. FICHTE laut Lloyd's Shipping Index in Fahrt nach Kuba. Am 9. Juli 1979 stellte die Reederei das Schiff außer Dienst und schrieb die J. G. FICHTE zum Verkauf aus. Umbenannt in SUNRISE der Estrella Christal Nav. S. A., Panama, verließ am 5. August 1979 das Schiff Hamburg mit Kurs Karachi mit einer Ladung Schrott an Bord. Noch im gleichen Jahr wurde das Schiff zum Abwracken nach Taiwan verkauft und zu Beginn des Jahres 1980 in SUNRISE IV umbenannt. Ein Jahr später erhielt es den Namen PEGANCIA, unter dem es jedoch nicht in Fahrt gekommen ist. Am 28. April 1981 verließ die PEGANCIA, geschleppt vom niederländischen Schlepper HUDSON (670 BRT), den Hafen von Colombo nach Karachi zum Abbruch.

Foto: E. Schäfer

GEORG BÜCHNER VEB Deutsche Seereederei, Rostock
Bauwerft: J. Cockerill S. A., Hoboken (Belgien) / Baunummer: 743 / 11060 BRT / 3830 NRT / 9233 tdw / 153,7 m Länge / 19,6 m Breite / 1 Dieselmotor / 7360 PS / 16 kn / 1 Schr. / Passagiere: 150 Matrosenlehrlinge, 20 Ausbildungspersonal / Besatzung: 50

Für die Cie. Maritime Belge (Lloyd Royal) S. A., Antwerpen, wurde das Schiff am 12. August 1950 als CHARLESVILLE vom Stapel gelassen. Am 12. Februar fertiggestellt und am 15. Februar 1951 an die Reederei abgeliefert, lief die CHARLESVILLE am 6. März 1951 zu ihrer Jungfernreise von Antwerpen über Matadi nach Lobito aus. Das zur Albertville-Klasse gehörende Schiff hatte eine Vermessung von 10901 BRT und verfügte über eine Kapazität von 248 Passagierplätzen in einer Klasse. Das im Juli 1967 vom VEB DSR, Rostock, übernommene und in GEORG BÜCHNER umbenannte Schiff wurde von der Reederei als Lehr- und Frachtschiff in Dienst gestellt. Das Schiff befand sich bis zur Außerdienststellung im Liniendienst Kuba/Mexiko (Cubalco). Die GEORG BÜCHNER wurde am 1. September 1977 aus der Fahrt genommen. Seitdem dient sie, festgemacht in Rostock/Schmarl, der Betriebsschule »Flotte August Lütgens« als stationäres Ausbildungsschiff.

Foto: E. Schäfer

Fritz Heckert Freier Deutscher Gewerkschaftsbund (FDGB)
Bauwerft: VEB Mathias-Thesen-Werft, Wismar /
Baunummer: 191 / 8120 BRT / 3646 NRT
1923 tdw / 141,4 m Länge / 17,6 m Breite /
2 Dieselmotoren, 2 Gasturbinen /
10000 PS (7546 kW) / 19 kn / 2 Schr. /
Passagiere: 379 in einer Klasse /
Besatzung: 178

Der Bau dieses Schiffes konnte aus zusätzlichen Leistungen und Mitteln vieler volkseigener Betriebe finanziert werden. Die Bevölkerung der DDR spendete über 30 Millionen Mark. Am 28. November 1959 fand die Kiellegung statt, und am 25. Juni 1960 lief die Fritz Heckert vom Stapel. Bereedert durch den VEB Seereederei Rostock wurde das Schiff am 15. April in Dienst gestellt und lief am 1. Mai 1961 zur Jungfernreise aus. Den Passagieren standen 112 Zweibett-, 33 Dreibett- und 14 Vierbettkabinen, 2 Schwimmbäder sowie umfangreiche gastronomische und kulturelle Einrichtungen zur Verfügung. Bis zu ihrer Außerdienststellung am 2. Mai 1972 war die Fritz Heckert im Ostseeraum im Einsatz und machte Reisen nach Island sowie ins Mittelmeer. Die Fritz Heckert lief während ihrer Dienstzeit als FDGB-Urlauberschiff 59 Häfen in 24 Ländern an. Dabei legte sie 49434 Seemeilen zurück und beförderte über 63000 Fahrgäste. Festgemacht an den Liegeplätzen 2 und 3 des Seehafen Stralsund wurde aus dem Urlauberschiff im Mai 1972 ein schwimmendes Arbeiterwohnheim des VEB Volkswerft, Stralsund. Am 15. April 1982 übernahm der VEB Deutfracht-Seereederei Rostock die Fritz Heckert, der sie auch als Wohnschiff mit gleichem Liegeplatz nutzte. Ebenfalls als Wohnschiff dient sie seit 1986 dem VEB Kombinat Kernkraftwerk »Bruno Leuschner«, Greifswald.

Foto: E. Schäfer

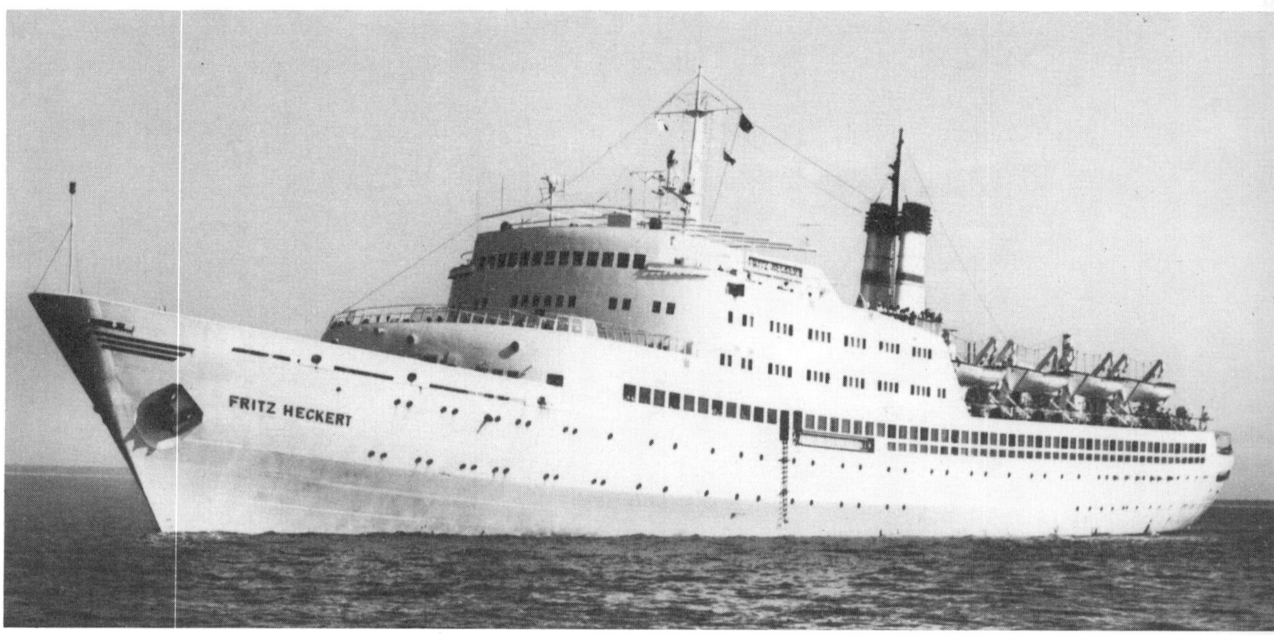

Arkona Freier Deutscher Gewerkschaftsbund (FDGB)
Bauwerft: Howaldtswerke-Deutsche Werft AG, Werk Hamburg /
Baunummer: 165 / 18835 BRT / 10695 NRT /
2500 tdw / 164,3 m Länge / 22,6 m Breite /
4 Dieselmotoren mit Getriebe /
13200 PS (9700 kW) / 18 kn / 2 Schr. /
Passagiere: 580 in einer Klasse /
Besatzung: 210

Die Kiellegung des ursprünglich als Hammonia geplanten Kreuzfahrtschiffes fand am 20. Mai 1980 im Werk Ross in Hamburg statt, die Taufe folgte traditionell in Verbindung mit dem Stapellauf am 16. Dezember 1980. Am 4. Dezember 1981 konnte das Schiff an die Reederei abgeliefert werden. Mit Kurs Genua verließ die Astor am 14. Dezember 1981 ihren Heimathafen Hamburg. Am 23. Dezember des gleichen Jahres nahm sie ihr Kreuzfahrten-Programm auf. Der erhoffte finanzielle Erfolg mit dem Luxusschiff blieb jedoch aus. Am 14. Oktober 1983 verkaufte die Reederei das Schiff nach Südafrika. Der neue Eigner, die South African Marine Corp. Ltd., Cap Town (Safmarine), setzte es ohne Namensänderung bis Anfang 1985 in sein Kreuzfahrten-Programm ein. Bis zum Verkauf der Astor an die Deutsche West-Afrika-Linie Kiel fuhr sie bis Mitte 1985 noch für kurze Zeit unter Bahama-Flagge mit Heimathafen Nassau. Am 29. August 1985 übernahm der Außenhandelsbetrieb Schiffscommerz Rostock von der Deutschen West-Afrika-Linie Kiel das Passagierschiff. Umbenannt in Arkona mit Heimathafen Rostock erfolgte bei den Howaldtswerken-Deutsche Werft A. G. in Hamburg die Umrüstung des Schiffes. Die u. a. für Fahrten des FDGB-Feriendienstes der DDR vorgesehene Arkona machte am 6. Oktober 1985 in Warnemünde fest.

Das neue DDR-Passagierschiff, vom VEB Deutfracht Seereederei Rostock bereedert, verfügte nach der Indienststellung über eine Passagierkapazität von 580 Personen. Am 15. Oktober 1985 verließ die Arkona Warnemünde zur ersten Ostsee-Kreuzfahrt mit den Reisezielen Leningrad und Riga. Fahrgäste dieser 11tägigen Reise, bei der das Schiff 1750 Seemeilen zurücklegte, waren 580 verdienstvolle Werktätige der DDR.

Foto: W. Eschenburg

Literaturverzeichnis

Bücher

Ahrens, A.: Die Siegesfahrt der »Bremen«. – Berlin, 1940

Bock, H.: Sturz ins Dritte Reich. – Berlin, 1983

Bonsor, N. R. P: North Atlantic Seaway. 1979

Bonsor, N. R. P.: South Atlantic Seaway. 1983

Burkardt, R.: Chronik der Stadt Swinemünde im Kriegsjahr 1939 (Bd. II). – Swinemünde, 1939

De Groot, E. P.: Per Mailboot naar Amerika. – Bussum, 1980

Dinklage, L.: Die Deutsche Handelsflotte 1939–1945 (1. Band). – Göttingen, 1971

Dunn, L.: Merchant Ships of the world in colour 1910 bis 1929. – London, 1975

Emmons, F.: Pacific Liners 1927–1972. – Great Britain, 1973

Everlin, E.: Erfindungen und Fortschritt (Bd. IV Meer und Luft). – Berlin, 1930

Gibbs, C. R. V.: The western ocean passenger lines and liners 1934–1969. – Glasgow, 1970

Haws, D.: The ships of the Hamburg America, Adler and Carr lines. – Cambridge, 1980

Hughes, T.: De Snelste Ozeaanreuzen/Strijd om de Blaue Wimpel. – Bussum, 1974

Kludas, A.: Die großen Passagierschiffe, Fähren und Cruiseliner der Welt heute. – Herford, 1980

Kludas, A.: Die Schiffe der deutschen Afrika-Linien 1880–1945. – Oldenburg, 1975

Lagendijk, A.: Passagiersschepen in het Noordatlantisch Vaargebied. – Rotterdam, 1976

Miller, W. Hh.: The great luxury liners 1927–1954. – London, 1981

Neumann, M.; Strobel, D.: Vom Kutter zum Containerschiff. – Berlin, 1981

Pfeiffer, E. A.: Schiffbau und Seewesen. – Stuttgart, 1936

Plumridge, J. H.: Hospital Ships and Ambulance Trains. – London, 1975

Prager, H. G.: Blohm + Voss Schiffe und Maschinen für die Welt. – Herford, 1977

Rahne, H.: Mobilmachung. – Berlin, 1983

Schmelzkopf, R: Die deutsche Handelsschiffahrt 1919–1939 (Teil 1 + 2). – Oldenburg, 1975

Sönnichsen, T.: Das Seeamt hat gesprochen/Der Brand des Dampfer »München«/Schicksal der »Monte Servantes«. – Berlin, 1938

Trotha, A., König, P.: Deutsche Seefahrt. – Berlin, 1928

Wall, R.: Ocean Liners. – London, 1978

Wallis, P. R.: Nord Atlantic Panorama 1900–1976. – London, 1977

Wilson, E. A.: Soviet Passenger Ships 1917–1977. – World Ship Society, 1978

Witthöft, H. J.: Hapag/Lloyd. – Herford, 1979

Witthöft, H. J.: Norddeutscher Lloyd. – Herford, 1973

Firmenschriften, Jahrbücher, Register, Zeitschriften

Amtliche Liste der deutschen Seeschiffe. – Berlin 1930 und 1936

Blohm & Voss Informationen/Blohm & Voss A. G. Hamburg. – Hamburg, 1977

Danzig: F. Schichau Schiffswerft zu Danzig/Senat der Freien Stadt Danzig. – Berlin, 1931

Der Hafen Hamburg.–Hamburg, 1934

DSRK Register 1976/1977

Germanischer Lloyd/Internationales Register

Hamburg Südamerikanische Dampfschiffahrtsgesellschaft Eggert & Amsinck 1871–1981/Hamburg Süd 1981

Handbuch für die deutsche Handelsmarine auf das Jahr 1935 und auf das Jahr 1937

Hansa/Sonderausgabe 100 Jahre Blohm + Voss AG

Informationen aus dem Archiv der Hapag Lloyd A. G.

Liste der deutschen Lazarettschiffe von 1864–1977

Lloyd's Register of Shipping, Statistical Tables, 1978 1878–1978 : 100 years of LR statistics

Lloyd's Shipping Index

Marine News / Journal of The World Ship Society

Nautilus / Magazin für Schiffahrtsfreunde

Schiffahrt International

Schiff und Hafen

Seekiste / Ein Journal der Schiffahrt

Verwendete Abkürzungen

BRT	Bruttoregistertonnen (1 BRT = 2,83 m^3
NRT	Nettoregistertonnen
tdw	Tragfähigkeit
Länge	Länge über alles
Länge reg.	Länge laut Register des Germanischen Lloyd
Breite	Breite auf Spanten
III-Exp.	Dreifach-Expansionsmaschine
IV-Exp.	Vierfach-Expansionsmaschine
PS	Leistung in PS (1 PS = 0,986 HP = 0,736 kW)
kn	Knoten (1 kn = 1,852 km/h) (Angaben in Dienstgeschwindigkeit)
I.	I. Klasse
II.	II. Klasse
III.	III. Klasse
ZwD	Zwischendeck
Tour.	Touristenklasse
Schr.	Anzahl der Schiffsschrauben (Propeller)

Verzeichnis der Schiffsnamen

Verzeichnis der Schiffsnamen